LES
CHEMISES
ROUGES

PAR

CHARLES MONSELET

auteur de

La Franc-Maçonnerie des Femmes.

IV

PARIS
L. DE POTTER, LIBRAIRE-ÉDITEUR
RUE FONTAINE MOLIÈRE, 27.

LES

CHEMISES ROUGES

SUITE DES NOUVEAUTÉS EN LECTURE
DANS TOUS LES CABINETS LITTÉRAIRES

Zanetta la Chanteuse, par Molé-Gentilhomme. 4 vol. in-8.
Les deux Sœurs de Charité, par Clémence Robert. 3 vol. in-8.
Marthe, par Madame la comtesse Dash. 2 vol. in-8.
Le Vicomte de Chateaubrun, par Gabriel Ferry. 2 vol. in-8.
Le Page du Roi, par le vicomte Ponson du Terrail. 4 vol. in-8.
Les Mémoires d'un vieux Garçon (Victoires et Conquêtes), par A. de Gondrecourt. 5 vol. in-8.
Les Cavaliers de la Nuit, par le vic. Ponson du Terrail. 4 vol.
Les Paysans, scènes de la vie de Campagne, par H. de Balzac. 5 vol.
Les Damnés de Java, par Méry. 3 vol. in-8.
La Fille de Cromwell, par Eugène de Mirecourt. 4 vol. in-8.
Le Roi de la Barrière, par Paul Féval. 4 vol. in-8.
La Roche sanglante, par Molé-Gentilhomme. 5 vol. in-8.
Le Fou de la Bastide, par Clémence Robert. 3 vol. in-8.
Le Château des Fantômes, par Xavier de Montépin. 5 vol. in-8.
La Fée du Jardin, par Madame la comtesse Dash. 3 vol. in-8.
Le Capitaine Zamore, par le marquis de Foudras et Constant Guéroult, auteur de *Roquevert l'Arquebusier*, etc., etc. 4 vol. in-8.
Le Dragon de la Reine, par Gabriel Ferry. 4 vol. in-8.
Diane de Lancy, par le vicomte Ponson du Terrail. 4 vol. in-8.
Les Amours d'Espérance, par Auguste Maquet. 5 vol. in-8.
Les vautours de Paris, par le marquis de Foudras et Constant Guéroult, auteur de *Roquevert l'Arquebusier*, etc., etc. 4 vol. in-8.
Madame Pistache, par Paul Féval. 2 vol. in-8.
La Tombe-Issoire, par Élie Berthet. 4 vol. in-8.
Le Comte de Sallenauve, par H. de Balzac. 5 vol. in-8.
Les Amours de Vénus, par Xavier de Montépin. 4 vol. in-8.
La dernière Favorite, par madame la comtesse Dash. 3 vol. in-8.
Robert le Ressuscité, par Molé-Gentilhomme. 4 vol. in-8.
Les Tonnes d'Or, par le vicomte Ponson du Terrail. 4 vol. in-8.
Les Libertins, par Eugène de Mirecourt. 2 vol. in-8.
La Famille Beauvisage, par H. de Balzac. 4 vol. in-8.
Un Roué du Directoire, par Eugène de Mirecourt. 2 vol. in-8.
Le Député d'Arcis, par H. de Balzac. 4 vol. in-8.
Mercédès, par madame la comtesse Dash. 3 vol. in-8.
Blanche de Savenières, par Molé-Gentilhomme. 4 vol. in-8.
La Fille de l'Aveugle, par Emmanuel Gonzalès. 3 vol. in-8.
Le Château de la Renardière, par Marie Aycard. 4 vol. in-8.
Roch Farelli, par Paul Féval. 2 vol. in-8.
La comtesse Ulrique, par le marquis de Foudras et Constant Guéroult, auteur de *Roquevert l'Arquebusier*, etc., etc. 4 vol. in-8.
Les Catacombes de Paris, par Elie Berthet. 4 vol. in-8.
La Tour des Gerfauts, par le vic. Ponson du Terrail. 5 v. in-8.

Pour la suite des Nouveautés, demander le Catalogue général qui se distribue gratis.

Imprimerie de P.-A. BOURDIER et Cie, 30, rue Mazarine.

LES
CHEMISES
ROUGES

PAR

CHARLES MONSELET

auteur de

La Franc-Maçonnerie des Femmes.

IV

PARIS
L. DE POTTER, LIBRAIRE-ÉDITEUR
RUE FONTAINE MOLIÈRE, 27.
Droits de reproduction et de traduction réservés.

LE MÉDECIN DES VOLEURS
ou
PARIS EN 1780
PAR HENRY DE KOCK.

Montrer Paris tel qu'il était comme mœurs, comme habitudes, comme usages, vers la fin du dix-huitième siècle, tel a été le but de l'auteur de ce livre. S'embarquant à pleines voiles dans le roman d'aventures, Henri de Kock, que nous ne connaissions jusqu'ici que comme un fin observateur d'amours et de ridicules modernes, a bravement couru sur les brisées du maître à tous en ce genre: Alexandre Dumas. Drames étranges ou terribles, scènes émouvantes ou comiques, caractères habilement tracés, types curieux, le *Médecin des Voleurs* contient tout cela, et notez, — un grand éloge à faire encore de cette œuvre, — que Henri de Kock, en s'y livrant, à évité l'écueil contre lequel se sont brisés le plus souvent les écrivains qui ont parlé de cette époque ! — Le règne de Louis XVI. — Pas un mot de politique, pas une phrase ayant trait à la révolution ne viennent déparer de leurs teintes trop sombres, un récit où l'imagination ne perd rien cependant à se mêler à la réalité. *Le Médecin des Voleurs* est appelé à un immense succès. On lira ce livre pour s'amuser... on le lira pour s'instruire.

LE MASQUE D'ACIER
PAR
M. THÉODORE ANNE.

Un homme d'un immense talent, Walter Scott a mis à la mode les romans historiques, et sous sa plume habile les faits ont pris une couleur dramatique. Scrupuleux observateur de la vérité, il a fait agir, parler, marcher, les personnages dont l'histoire nous raconte les actions, il a ouvert ainsi une route dans laquelle les plus humbles essaient de marcher à leur tour. L'histoire d'Angleterre est féconde en grands événements, en effroyables catastrophes. On a dit d'elle, qu'elle semblait écrite par un bourreau qui avait trempé sa plume dans du sang. Le règne d'Henri VIII compte parmi ces tristes règnes, où l'ambition d'un homme ne voit point d'obstacles, et les tranche quand il ne peut les renverser. L'auteur du *Masque d'acier* a élargi son cadre, et profitant de la liberté que laisse le roman, il embrasse une période de près de quatre-vingts ans, et la conduit par un dernier lien, bien au delà d'un siècle, traversant ainsi sept générations de rois. L'action est constamment serrée, et se dénoue avec ses péripéties attachantes. Il s'agit d'une association secrète qui marche à son but avec un sang-froid imperturbable. Elle ne triomphe pas toujours, à ses jours de gloire, et ses jours de déception, mais elle ne se laisse pas plus enivrer par le succès, qu'elle ne se laisse abattre par les revers. Ferme dans ses résolutions, ardente dans ses amitiés, implacable dans ses colères, elle ne dévie pas du but qu'elle s'est proposé. Une seule main tient tous les ressorts, et les fait agir à son gré. Invisible et présente, elle est partout, agit toujours, écarte le danger, ou joue avec lui certaine de le vaincre. Elle coudoie ses amis et ses ennemis, sans jamais se révéler autrement que par ses actes, à ceux qui lui sont favorables, ou à ceux qui lui sont contraires. Bref, le chef de cette association formée sur les bases de celle dite des *Francs-Juges*, est un maître omnipotent, une sorte de *Vieux de la montagne*, et quand vient le moment, les conjurés disparaissent sans que ceux qui avaient intérêt à les connaître, sachent quelle a été leur origine.

CHAPITRE PREMIER.

I.

L'agonie du XVIIIe siècle. (*Suite.*)

Les désordres du siècle allaient croissant, lorsque la conspiration des illuminés vint à se produire.

L'illuminisme fut la poésie noire du

catholicisme, la féerie odieuse et vague de la religion. Ce fut l'inquisition assise dans les nuages et levant un front rêveur vers les étoiles. Venir ainsi après Voltaire et le Taureau-Blanc, c'était au moins singulier ; mais un excès de crédulité est toujours bien près d'un excès de scepticisme, et les aveugles font des enfants qui y voient très-loin. Or, les illuminés, ce furent les fils des aveugles.

Il fallait un brouillard à l'aurore de la révolution. On en organisa un avec les chimères, les superstitions, les lubies, les extravagances et les sortiléges réunis de toutes les sociétés secrètes. On le peupla de toutes les intelligences mécontentes, inquiètes, enthousiaste, et même criminelles ; et l'on eut bientôt un brouillard à couvrir la France.

Les illuminés c'étaient un peu les Rose-Croix, les Francs-Maçons, les Convulsionnaires, les Martinistes. Leur doctrine, si toutefois ils avaient une doctrine, était un composé bizarre de cabale, de somnambulisme et de mysticisme. Il y entrait un peu de tout, comme dans le chaudron des magiciennes de *Macbeth*.

En peu de temps la secte des illuminés étendit ses ramifications d'une extrémité du monde à l'autre ; en Allemagne, en Suède, en Pologne, en Écosse et en Irlande. S'il faut en croire les mémo contemporains, c'est elle qui conçut le système gigantesque d'une révolution embrassant l'univers, et dont la France ne devait servir que de théâtre pour une première explosion. Des émissaires étaient répandus sur toute la surface du globe, et, par des jongleries habiles, préludaient aux sanglantes catastrophes de l'ère nouvelle.

Le plan général consistait dans le renversement du culte et dans l'extinction de la monarchie, ainsi que l'atteste ce distique, trouvé plus tard dans les papiers de Catherine Théot :

Ni culte, ni prêtres, ni roi,
Car la nouvelle Ève, c'est toi.

Cette Catherine Théot, dont on avait à dessein changé le nom en celui de Théos, qui signifie divinité, n'était autre qu'une paysanne de Normandie, venue à Paris pour y faire des ménages, et en qui s'était révélé un jour l'esprit de prophétie.

Elle se faisait passer pour la mère de Dieu, descendue sur terre pour la rédemption du genre humain. Le ciel l'avait conduite sur le quai des Théatins, où *elle avait acheté pour deux sous* une estampe représentant le triomphe de la Justice et de la Religion.

A l'entendre, elle devait vieillir jusqu'à soixante et dix ans, pour rajeunir ensuite, éclatante de beauté, dans l'enfantement miraculeux d'un Messie nouveau.

Alors, disait-elle, les idoles et les temples seront renversés, les trônes des rois mis en poudre. Je serai la pierre angulaire du royaume de Dieu sur la terre ; c'est moi qui choisirai les justes et qui commanderai aux soldats du Dieu des armées. La population du globe sera réduite à quarante mille élus, immortels comme moi, et qui chanteront mes louanges.

En attendant la réalisation de ces merveilles, la mère de Dieu commença par habiter un méchant galetas, chez une veuve de la rue de la Tixéranderie. Elle eut des disciples, et le don des visions se manifesta en elle de telle sorte que l'attention de la police en fut éveillé.

On enferma Catherine Théot à la

Bastille, sans s'inquiéter davantage de ses prédications; puis, au sortir de là, elle fut transférée dans un hôpital, où elle séjourna très-longtemps, à cause des atteintes qu'avait subies sa santé par suite de l'usage immodéré des pénitences ascétiques.

La pauvre femme, non satisfaite de se déchirer à coups de discipline, portait toujours sur elle un cilice de crin avec des bracelets et des jarretières de fer.

— Etes-vous donc une assez grande pécheresse pour être obligée de vous servir d'aussi rudes instruments? lui demanda le commissaire de police.

— Ce sont les nations que je flagelle en moi, répondit Catherine, jusqu'à ce qu'il plaise à Dieu de les sauver toutes.

Plus tard elle alla demeurer dans la rue Contrescarpe-Saint-Marcel. Ce fut dans ce nouveau logement que sa réputation s'étendit, et qu'elle se trouva bientôt à la tête d'une foule de sectaires, et le chef des illuminés à Paris. Sa personne devint désormais inviolable. Les gens les plus considérés ne dédaignaient pas d'aller faire visite à la mère de Dieu, et l'on citait tout haut les meilleurs noms de la cour parmi les affiliés à cette congrégation.

La marquise de Chastenois, la baronne de Chalabre et le prophète Elie y donnaient le ton publiquement. On ne rencontrait plus dans chaque quartier que des individus se faisant des signes et se traçant avec le doigt une barre au-dessus des sourcils. Encore taisons-nous les soi-disant miracles dont la France entière a retenti, les lépreux et paralytiques guéris par Catherine Théot, *le bon Dieu aperçu voltigeant sur son tablier*, les nouveaux-nés soumis à sa bénédiction, enfin tout ce qui constitue et complète une auréole de sainteté.

On se réunissait deux fois par semaine chez cette fameuse visionnaire, et les séances prolongeaient quelquefois fort avant dans la nuit. Un mot de passe, et les signes convenus suffisaient à reconnaître les initiés.

Le même soir du jour où nous avons fait assister le lecteur à une conversation entre la marquise de Perverie et M. de Robespierre, ce soir-là, disons-nous, entre dix et onze heures, un homme se tenait embusqué au coin de la rue Contrescarpe. C'était Émile.

Après avoir vu entrer successivement chez Catherine Thèot, pendant l'espace de vingt minutes, une cinquantaine de personnes, tant hommes que femmes, il se glissa à la suite d'un groupe et pénétra à son tour dans la maison, à la faveur de la phrase de reconnaissance qu'il prononça comme les autres.

Il monta trois étages.

Arrivé au quatrième, où demeurait la nouvelle Ève, il vit un homme vêtu d'une robe blanche qui se tenait debout, à côté d'une porte ouverte.

—Frères et sœurs, soyez les bienvenus dit-il aux nouveaux arrivants.

Il les introduisit dans une grande pièce, éclairée seulement par un flambeau à trois branches, posé sur le tapis vert d'une table.

La masse des disciples était assise sur des bancs de bois, au nombre de douze ou quinze. Émile alla s'asseoir sur l'un des derniers, rempli de crainte, oppressé par son audace, et étouffant le craquement de ses souliers.

Cependant il se rassura un peu, personne n'avait tourné les yeux de son côté.

Sa première pensée, aussitôt qu'il se sentit remis de son émotion, fut de chercher à reconnaître parmi les assistants la personne qu'il était venu y chercher. Mais, outre qu'il se trouvait derrière tout le monde, la demi-obscurité qui régnait dans la salle apportait un obstacle à sa curiosité. Il se vit donc réduit aux simples conjectures.

Catherine Théot n'avait pas encore paru.

Pour prendre patience, il examina curieusement le lieu où il se trouvait, et les étranges dispositions de l'ameublement.

D'énormes poutres noirâtres traversaient le plafond et pesaient de toute la force d'une tristesse séculaire sur l'auditoire silencieux.

Les murs, d'une nudité malpropre, étaient décorés d'estampes emblématiques, telles que le triangle des Hébreux, la croix de Jésus de Nazareth, et le jardin d'Éden au milieu duquel s'élevait l'arbre fatal des sciences.

On voyait aussi représentés :

Les sept plaies d'Égypte;

Les sept douleurs de la Vierge;

Les sept sacrements;

Les sept allégresses;

Les sept péchés capitaux.

Dans un cadre noir, une amulette en carton laissait pendre, attachées à des nœuds de rubans, quelques-unes des prophéties les plus ténébreuses de Michel Nostradamus.

Trois fauteuils occupaient le fond de la salle : un fauteuil blanc, élevé sur trois marches ; au-dessous et à droite, un fauteuil bleu ; à gauche, un fauteuil cramoisi.

Le silence était profond.

Depuis un quart d'heure il n'arrivait

plus personne; l'assemblée paraissait au complet.

Ce fut alors qu'une femme, désignée sous le nom de l'*Éclaireuse*, entra.

— Enfants de Dieu, dit-elle, préparez-vous à chanter la gloire de l'Être suprême.

Une sonnette tinta.

Aussitôt les deux rideaux d'une alcôve s'écartèrent, et dans leur entre-baillement apparut une figure de vieille.

C'était Catherine Théot.

Elle s'avança lentement, grande, sèche, presque diaphane, les yeux fixes, ne regardant personne. Sa tête et ses mains étaient dans un perpétuel mouvement.

Elle se dirigea vers le fauteuil le plus élevé.

Deux femmes la conduisaient. Lorsqu'elle fut assise, elles se prosternèrent, baisèrent ses pantoufles, et se relevèrent en s'écriant :

— Gloire à la mère de Dieu !

Puis ces deux femmes se placèrent sur les deux siéges qui étaient à la droite et à la gauche de Catherine Théot.

Celle qui occupait le fauteuil cramoisi s'appelait Rose, dite *la Colombe*; elle était brune, fraîche, admirablement faite et de tout point agréable à voir.

L'autre, jeune et jolie blonde, n'était connue que sous le nom de *la Chanteuse*.

On apporta une aiguière; Catherine

Théot se lava les mains et les essuya avec un linge blanc.

Tout le monde était dans l'attente; on eût entendu le vol d'une mouche. Émile, caché dans les derniers rangs, regardait avec stupeur.

— Enfants de Dieu! dit l'*Éclaireuse*, votre mère est au milieu de vous..

Un murmure de respect courut dans l'assemblée, qui s'inclina comme une seule tête.

La vieille Catherine, assise, ne bougeait plus, et n'était le tremblement nerveux qui l'agitait, à ses mains jointes, à son regard fixe, on l'eût prise volontiers pour une de ces figures de bonnes femmes si communes dans la décoration des gothiques porches d'église.

Ce prologue fut suivi de la lecture de deux évangiles, celui de Noël par la *Chanteuse*, et celui de la Passion par la *Colombe*.

Quand ils furent achevés tous les deux, l'*Éclaireuse* alla chercher une baguette derrière le fauteuil blanc, et revint en prononçant ces paroles :

— Mère, il y a ici trois profanes qui demandent l'initiation.

Catherine Théot leva la tête, murmura quelques paroles que l'on n'entendit pas, et prit la baguette des mains de l'*Éclaireuse*.

Sur un geste de celle-ci, trois personnes, qui étaient placées sur le banc du devant, deux hommes et une femme, se levèrent.

— Ton nom? demanda l'*Eclaireuse* au premier.

— Fantin Désodoards.

— Ton âge?

— Cinquante ans.

— Ta profession?

— Vicaire général d'Embran.

Elle passa ensuite au second, qui était un beau jeune homme.

— Mon nom est Jean Tallien, répondit-il, apprenti imprimeur.

— Ton âge ?

—Vingt ans.

Restait l'interrogatoire de la femme, sur qui l'attention générale était portée.

Elle était grande, et son attitude droite et fière développait encore l'élégance de sa taille, recouverte par une robe d'une étoffe sombre mais riche. Sa tête était remarquable de hardiesse ; elle avait un œil qui jetait la flamme, une bouche entr'ouverte comme celle de toutes les courtisanes, et un cou merveilleux par l'onduleuse arrogance de ses attaches.

On admirait aussi la richesse de sa chevelure, d'un noir d'encre.

Elle s'était avancée.

Une excessive mobilité dans tous les traits formait le cachet distinctif de sa physionomie.

A l'*Éclaireuse*, qui lui demanda son nom, elle répondit d'un ton cavalier, mais avec un fort accent flamand :

—Lambertine Théroigne de Méricourt, dite *la Liégeoise*; vingt-neuf ans.

Sur un signe de la baguette, les trois récipiendaires se mirent à genoux.

L'*Eclaireuse* continua :

— Levez la main droite, et répondez.

Les trois mains se levèrent en même temps.

— Jurez-vous, promettez-vous de répandre jusqu'à la dernière de votre sang pour soutenir et défendre, soit l'arme à la main, soit par tous les genres de mort possibles, la cause et la gloire du Tout-Puissant?

— Je le jure, répondirent les trois voix.

— Jurez-vous obéissance et respect à la mère de Dieu, ici présente?

— Je le jure!

— Promettez-vous soumission aux prophètes de Dieu et à leurs ministres?

— Oui.

Alors l'*Éclaireuse* ouvrit le livre de l'Apocalypse, et dit:

— Les sept sceaux de Dieu sont mis sur l'Évangile de la vérité, cinq sont levés; Dieu a promis de se révéler à notre mère à la levée du sixième; quand le septième se lèvera, prenez courage, en quelque lieu que vous soyez, quelque chose que vous voyiez, la terre sera purifiée; tous les mortels périront, mais les élus de la mère de Dieu ne mourront pas, et ceux qui seront frappés d'un accident quelconque ressusciteront pour ne jamais mourir.

Cela dit, l'*Eclaireuse*, après s'être inclinée de nouveau, se rassit sur son fauteuil cramoisi.

Tous les yeux se tournèrent vers Catherine Théot qui avait étendu la droite et qui semblait sortir d'une méditation profonde.

Sans se lever elle prit la parole.

Sa voix était faible, mais claire et accentuée; les mots étaient lents.

—Voici ce qu'il est dit dans le prophète Daniel, chapitre 7 :

« Alors je vis un ange, debout dans le soleil, qui cria d'une voix forte, en disant à tous les oiseaux qui volaient au milieu de l'air : Venez et assemblez-vous pour être au grand souper de Dieu, afin de manger la chair des rois, la chair des officiers de guerre, la chair des puissants, la chair des chevaux et des cavaliers, et la chair des hommes libres et esclaves, petits et grands !

» Ce beau souper, continua-t-elle, vous le verrez dans peu, mes enfants, dans peu ; tout l'assure. Il sera présidé par Dieu mon fils et par Dieu mon petit fils. Les enfants tressailleront dans le sein de leur mère; au lever de ce jour bienheureux, la terre paraîtra riante de fleurs, de fruits et de moissons, comme le paradis de vos premiers pères. Entendez-vous là-bas sonner les trompettes et voyez-vous marcher sur les nues l'archange tenant en main l'épée qui flamboie !... Mes pieds se préparent, tendent et se dirigent dès ce moment vers vos parvis, ô céleste Jérusalem, vraie cité de Dieu !

» O mes enfants, mes élus, vous à qui j'ai donné tout l'amour de mon cœur, serrez-vous bien autour de ma vieillesse, car je sens venir la fin de mon pélerinage terrestre, et l'heure va prochainement sonner où ma transformation divine s'accomplira...

» Et vous, les nouveaux fils de la mère de Dieu, approchez pour recevoir les sept baisers. »

Sur cette injonction, les trois récipiendaires, Fantin Désodoarts, Tallien et Théroigne de Méricourt s'agenouillèrent de nouveau, pendant que la *Chanteuse* leur imposait les mains.

Catherine Théot descendit solennellement les trois marches sur lesquels était exhaussé son fauteuil.

Prenant chacun à part, elle lui baisa le front, les yeux, le nez, les joues, les oreilles, le menton et la bouche, accompagnant ce dernier baiser des mots sacramentels :

— *Diffusa est gracia in labiis tuis*; la grâce est répandue sur tes lèvres.

A son tour chacun des initiés rendait les mêmes baisers à Catherine Théot, qui lui disait en finissant :

— Fils de Dieu, élu de la mère de Dieu, tu as reçu les sept dons, tu es immortel.

Puis elle traça avec le pouce un signe en forme d'équerre sur le front de Tallien et du prêtre Fantin Désodoarts, et elle traça le même signe sur le cœur de Théroigne de Méricourt.

L'initiation était complète.

Catherine Théot remonta sur son fauteuil blanc et la partie vocale de la séance commença.

Ce fut d'abord un chœur général entonné par les prosélytes, sur l'air de *Charmante Gabrielle*.

La *Chanteuse* et la *Colombe* vinrent ensuite et chantèrent en duo plusieurs cantiques composés exprès pour la circonstance, et dont le sens principal était la punition de tous ceux qui n'avaient pas cherché leur refuge au sein de la mère de Dieu.

Emile répétait les refrains, comme faisaient tous les illuminés, mais il ne revenait pas de l'étonnement dans lequel ce monde étrange l'avait plongé, il se demandait avec effroi ce que signifiait tout cela. Aucun des livres qu'il avait lus jusqu'à ce jour ne parlait de ces fantasmagories, où l'odieux le disputait au ridicule.

— Suis-je avec des fous? se disait-il de temps en temps.

Ce que pouvait venir faire dans un tel antre la marquise de Perverie, une femme si honorée et d'une si droite raison, voilà surtout ce qui l'étonnait au possible et ce qui confondait ses idées...

Les chants cessèrent.

Ils furent remplacés par la lecture de plusieurs rapports qui fut faite par l'*Eclaireuse*. Cette femme, maigre et grande, elle aussi, était celle qui instruisait les catéchumènes et qui semblait être investie du vicariat de la prophétesse.

Elle donna connaissance aux adeptes, qui l'écoutaient avidement, de deux ou trois lettres datées de l'étranger et signées des plus célèbres propagandistes, tels que Downie, Cambe et Bœhmer. D'après cette correspondance, tout s'organisait pour le prochain triomphe de l'œuvre et la régénération du globe.

Il y eut également, en guise d'intermède, un rapport sur une proposition du chevalier d'Elbée, qui demandait la création d'un ordre de chevalerie pour les femmes, avec les décorations et les titres y relatifs. Ce chevalier avait imaginé de frapper d'un impôt le rouge, les gants et les éventails, dans le but de subvenir aux besoins pécuniaires de l'ordre.

Il fut passé outre à sa proposition.

L'*Eclaireuse* finissait la lecture de ces divers documents, quand un homme, en qui Emile reconnut M. de Robespierre, s'approcha d'elle et lui murmura quelques mots à voix basse.

Alors l'*Eclaireuse*, se retournant vers Catherine Théot et s'inclinant, lui dit :

— Mère, notre chère sœur inspirée, Sazette Labrousse est-là qui demande la parole.

A ces mots, et sur un signe d'adhésion de Catherine, une femme que l'on n'avait pas encore vue se leva de dessus un escabeau où elle se tenait assise dans l'angle le plus obscur de la salle. Son costume était celui des *Tiercelettes* ou tiers-ordre de Saint-François, et se composait d'une grossière robe de bure ceinte aux flancs par un cordon. Bien qu'elle eût passé la quarantaine et qu'elle louchât un peu, elle pouvait encore passer pour une belle femme, par la fraîcheur de son teint et l'éclat de sa robuste santé.

Ses pieds étaient nus.

—Chers frères et chères sœurs en Dieu, dit-elle, le bruit de ma réputation m'aura sans doute précédée parmi vous. Voilà vingt ans que je travaille à la conversion du genre humain. Voilà vingt ans que Jésus-Christ m'est apparu en me disant : Quitte la maison de ton père et de ta mère ; va parmi le monde en inconnue et en mendiante, parce que je veux, par une simple fille, réduire les grands de la terre et remédier aux maux de mon Église.

« Depuis cette époque, chers frères et sœurs, je n'ai pas cessé un seul instant de mener une vie d'abstinence et de mortification, afin de mériter les dons célestes. J'ai couché l'hiver sur le plancher, j'ai mêlé de la cendre et de la suie à mes aliments; j'ai châtié mon odorat en respirant des odeurs fétides; la nuit j'ai appliqué de la chaux vive sur mon visage. Mais Dieu n'a pas voulu que sa créature succombât dans ces épreuves volontaires, et il a récompensé les élans de mon amour en m'appelant à la haute mission que je poursuis.

» Il y a douze ans que je vais de ville en ville, de bourgade en bourgade, annonçant la destruction des ordres religieux, l'abaissement de la noblesse et la réunion de toutes les nations du monde en une même famille, l'Esprit saint est descendu sur moi et m'a révélé le véritable sens de l'Evangile, celui qui seul deviendra le code du clergé, que Rome le veuille ou non, et qui fera rentrer l'Eglise dans sa vérité primitive.

» La plupart de vous, chers frères et

chères sœurs, ont lu sans doute mes prédictions commencées en 1766; plusieurs d'entre elles se sont déjà réalisées, le temps achèvera le reste. Les œuvres de la Providence confondront bientôt toute raison humaine, et renverseront les projets les mieux établis. Demandez donc à Dieu un remède court et prompt pour réveiller et guérir la terre; élevez pour tous les peuples vos yeux et vos cœurs vers le ciel, et que votre vie, comme la mienne, soit un cri perpétuel pour leur conversion ! »

Elle s'interrompit un instant; puis, joignant les mains et élevant son regard, elle articula les phrases suivantes, en prenant un temps de repos après chacune d'elles :

La France va être le centre de grands événements et le berceau des heureux triomphes...

» La conclusion sera un événement qui fera faire aux mortels des *oh !* et des *ah !* sans fin.

» Quant à moi, je ne dis mot, sinon que je serai comme un ver luisant qui, à l'approche de l'aurore, se retire dans son gîte...

» Le temps où il faut que toute justice se fasse est arrivé.

» Si on met du retard à seconder mes vues, une *saignée cruelle* s'ensuivra...

» Mais quoi qu'il arrive, et dût-il s'opérer quelque violence contre le gré ou le droit des gens, dussiez-vous être exposés à la pointe aiguë, je vous le dis, et je vous le répète, bénissez et glorifiez le saint nom de Dieu, car rien ne se fait que par sa volonté et par sa justice !... »

Suzette Labrousse avait prononcé cette dernière et prophétique partie de son discours, d'une voix entrecoupée, haletante, et roulant des yeux exatiques et noyés, comme font toutes les sybilles et toutes les pythonisses.

L'auditoire était demeuré sous le charme de cette parole fiévreuse, et toutes ces poitrines se confondaient en une seule respiration. Si un peintre à larges ombres fût entré là par hasard, il eût trouvé un admirable sujet de tableau dans ces quinze rangées de têtes, immobiles et attentives, reposant sur des cous tendus; dans ces yeux qui dardaient une lueur persistante et fauve, comme s'ils eussent voulu éclairer l'avenir; dans ces bouches entr'ouvertes et remplies d'une haleine chaude, au travers de laquelle il eût suffi de passer une allumette pour l'enflammer. Cela ne ressemblait à aucun tableau connu, ni aux mystères des premiers chrétiens dans les catacombes, ni aux prédications farouches des puritains dans les forêts et dans les cavernes anglaises. C'étaient d'autres masses teintes de couleurs autres, portant l'empreinte d'un cachet particulier, éclairées d'un de ces rayons cruels qui ne s'allument qu'à de certains quartiers de Paris, au fond des maisons oubliées.

Une sorte de prostration remplaça chez

Suzette Labrousse l'effort qu'elle avait paru faire; ses joues, tout à l'heure semblables à des charbons ardents, se revêtirent d'une pâleur morte; ses bras retombèrent le long de son corps, et son regard alla se ficher en terre.

Deux minutes se passèrent ainsi.

Ce faible laps écoulé, la fille fanatique s'avança comme mécaniquement vers Catherine Théot, qui semblait assoupie.

Arrivée devant elle, Suzette Labrousse resta un moment immobile et droite, puis elle descendit sur ses genoux, plutôt qu'elle ne s'y laissa tomber.

Ces deux femmes en présence formaient un spectacle bizarre : l'une semblait une cire animée par un souffle vacillant et prêt à s'éteindre; l'autre, forte nature, élevée à la campagne, ne représentait pas mal une rustique Cassandre, grâce à sa robe, qui traînait comme un vêtement antique, et surtout au charme troyen de ses yeux louches.

S'étant agenouillée, Suzette Labrousse dit :

— Sainte mère de Dieu, accordez-moi votre bénédiction, car je pars ce soir.

— Où vas-tu, ma fille ?

— Bien loin, bien loin, sainte mère, au delà des monts et des rivages, dans la ville éternelle.

— A Rome ?

— Oui, sainte mère.

— Et que vas-tu faire à Rome ? demanda Catherine Théot.

— Prêcher les principes de la liberté et engager le souverain pontife à abdiquer sa puissance temporelle.

— C'est bien, ma fille, répondit Catherine Théot ; puisse mon esprit t'accompagner sur les chemins et soutenir jusqu'au bout ton intrépide courage.

Et elle étendit sur elle ses deux bras décharnés qui sortaient de sa robe blanche comme deux fuseaux, et au bout desquels tremblaient deux mains longues.

Suzette Labrousse sortit gravement de la salle.

Elle allait à Rome*.

Un religieux silence suivit cet épisode, qui avait paru vivement impressionner l'assistance.

Ce ne fut qu'après quelques moments livrés à la méditation que la *Colombe* et la *Chanteuse* recommencèrent leurs hymnes.

---

* Elle alla à Rome, en effet, mais elle y fut enfermée par les ordres du pape dans le château de Saint-Ange, où elle resta plusieurs années. Ce fut le Directoire qui demanda et obtint sa grâce.

Sur ces entrefaites, minuit et demi sonnèrent aux églises environnantes.

Les chants s'arrêtèrent sur un signe de l'*Eclaireuse*, qui observait Catherine Théot avec inquiétude.

— Voici l'heure, dit-elle, où la mère de Dieu se retire habituellement pour prendre quelques heures de repos.

Ce signal fut compris de tous les néophytes qui se levèrent à la fois et en ordre, banc par banc, jusqu'au dernier. Tous se mirent à défiler silencieusement devant Catherine qui leur posait la main sur la tête.

Lorsque ce fut au tour d'Émile :

— Mes enfants, dit-elle, le jour des moissons célestes est proche; apprêtez-vous et songez que le sort de la patrie est dans vos mains...

Cinq doigts s'imprimaient sur le front du jeune homme, cinq doigts secs qui le brûlaient comme cinq fers rouges.

— Oh! pensait-il sous cette pression, cette vieille exterminatrice m'épouvante, en rêvant du bonheur de la France! Il me semble voir une femme arrosant une giroflée avec un vase de sang.

Et il se dirigea, chancelant, vers la porte.

Arrivé là, il trouva son chemin barré par une réflexion.

Pourquoi était-il venu en ces lieux?

Où était la marquise de Perverie?

Ramené par cette idée au sentiment de sa situation, il se rangea contre la porte dans un coin ténébreux, et s'effaça pour mieux voir.

Les illuminés sortaient.

Il les regarda l'un après l'autre.

Ce fut d'abord Tallien, le bel imprimeur, Tallien qui devait plus tard jouer des rôles si diversement éclatants ; ce fut Théroigne de Méricourt, l'amazone aux mains de laquelle il n'y avait de sabre trop pesant ni d'éventail trop léger ; ce fut l'historien passionné Désodoarts ; le docteur Quesvremont, l'avocat Bergasse ;

ce fut Jacques Cazotte, sombre et fin comme à l'ordinaire.

Il y avait aussi un gros d'hommes et de femmes du peuple, comme partout, éternel troupeau de Panurge, à qui tout abîme est bon pour faire la culbute.

Tous ces gens passèrent, regardés successivement par notre héros.

Lorsqu'il n'en resta plus que cinq ou six, Emile acquit la certitude que la marquise de Perverie n'était pas venue ce soir chez Catherine Théot.

Néanmoins il voulut attendre le départ du dernier illuminé :

Bientôt il se vit seul dans cette pièce froide et nue ; Catherine Théot était reconduite dans son alcôve par l'*Éclaireuse* et par les deux jeunes femmes qui remplissaient l'office de chanteuses. Le frisson d'une crainte inconnue le saisit, et il fit quelques pas pour sortir. Mais au moment où, dégagé de l'ombre, il allait franchir la porte, une femme vêtue de noir et couverte d'un voile apparut tout à coup sur le seuil.

Il recula...

La femme passa rapidement devant lui.

Puis, arrivée au milieu de la chambre, elle se retourna, et du doigt elle lui fit signe de partir.

Il obéit, dominé par une force supérieure ; il avait compris que c'était la marquise de Perverie.

C'était elle, en effet.

Abandonnons Emile un instant, et voyons ce que la grande dame venait faire chez la devineresse.

Elle s'agenouilla sur une chaise, et elle murmura lentement les paroles d'une oraison.

Sa piété était si fervente, qu'elle n'entendit pas le bruit d'une porte qu'on ouvrait.

Sa prière finie, elle s'avança vers l'*Eclaireuse* qui remplissait en ce moment les fonctions de sacristain dans ce temple mystique.

A la lueur de la lampe, baissée économiquement dès la fin de la séance, la marquise put voir les traits de cette femme quadragénaire, pâle, aux yeux brillants.

— Orphise ! appela madame de Perverie.

L'*Eclaireuse*, sans lever la tête, mit ses mains en ogive et devint immobile comme une sainte de pierre.

— Orphise ! répéta la marquise d'une voix impérative.

La suivante sortit de son extase.

— Quel profane, dit-elle, est resté dans

le lieu saint après la retraite des enfants de Dieu?

— Quittez ce langage, Orphise, ce n'est pas à la prêtresse que je parle, c'est à l'ancienne camériste de la Clarendon.

— Arrière, Satan! prononça l'acolyte de Catherine Théot.

A voir ce visage caressé par les reflets mourants qui semblaient partir de ses yeux, on eût dit une folle; et il faut avouer qu'on ne se fût trompé qu'à moitié : car les aberrations religieuses sont pour ceux qui les pratiquent comme les impostures pour les menteurs, lesquels ne savent plus distinguer entre ce qui est vrai dans leur vie et ce qui est faux.

Esprit médiocre, facile à impressionner, Orphise avait fini par prendre son rôle au sérieux et par douter qu'elle eût jamais été autre chose que la diaconesse illuminée.

— Redevenez calme et écoutez-moi, continua la marquise.

— Le prophète Ézéchiel a dit...

— Je ne suis pas venue pour m'entretenir avec vous des affaires du ciel ; et si vous ne voulez pas je fasse connaître à tous votre passé scandaleux, songez à répondre exactement à mes questions.

Malgré sa cuirasse d'éclaireuse, il faut croire qu'Orphise n'était pas invulnérable à l'endroit de sa vie domestique, car la menace de madame de Perverie parvint à l'humaniser immédiatement.

— Eh bien ! que voulez-vous ? dit-elle.

— Vous vous rappelez, n'est-ce pas, avoir été attachée à la personne de mademoiselle Clarendon ?

— Oui, au temps où je n'avais pas encore entendu la voix du Seigneur.

— Vous ne pouvez avoir oublié l'un des événements les plus graves qui aient marqué dans la vie de votre ancienne et bonne maîtresse.

— Ayant consacré depuis longtemps toutes mes facultés au triomphe de la religion, je ne sais si mes souvenirs de pécheresse me sont restés au cœur.

— Dans la nuit du 3 mai 176., mademoiselle Clarendon fut prise des douleurs de l'enfantement.

L'*Eclaireuse* posa son front dans sa main osseuse, puis, après un moment d'immobilité :

— Oui, dit-elle.

— Ah ! fit la marquise. C'est vous qui allâtes chercher le médecin ?

— Oui.

— Le nom de ce médecin ?

— Je ne me le rappelle pas.

— Sa demeure ?

— Attendez... non... ma mémoire a été tellement éprouvée, que les choses d'autrefois s'en sont effacées toutes.

— Mais encore ne pourriez-vous me le désigner d'une façon ou d'une autre?

— C'était un vieillard.

— Un vieillard?

— Oui, maigre et très-haut, avec une grande canne, une grande perruque et un habit couleur de tabac; de larges boutons; une bonne et vénérable figure.

— Et puis ?

— Et puis... je ne sais plus... Ah ! on l'avait surnommé, je crois, le *Médecin des pauvres.*

— Ne pouvez-vous en aucune manière me mettre sur la trace de cet homme ?

— Le don de divination que Dieu m'a confié, dit l'*Eclaireuse* en reprenant son ton sacerdotal, ne s'étend point aux choses vulgaires de la vie.

— Qui pourra me donner une indication seulement? se demandait la marquise à elle-même.

Cette scène avait lieu dans une obscurité presque complète, car la lampe agonisait depuis quelques minutes et ses reflets rougeâtres n'atteignaient plus le plafond ni les murs.

— Adieu, fit l'*Eclaireuse*.

— Un mot! un mot encore! s'écria madame de Perverie.

— Je vous ai déjà dit que je n'en savais pas davantage sur ce médecin; laissez-moi.

— Mais cet enfant, cet enfant !

— Personne n'en a jamais entendu parler. La nuit du 3 mai, je le remis à M. le duc, ainsi qu'il me l'avait ordonné.

— Voilà tout ?

— Voilà tout. Peut-être le médecin est-il mieux informé... Mais pourquoi ne vous adresseriez-vous pas à la mère, si elle existe encore ?

La marquise regarda l'*Eclaireuse* d'un air étrange.

— La mère ? murmura-t-elle ; non, je ne peux pas m'adresser à la mère...

La lampe n'avait plus qu'un souffle à vivre.

Tout à coup les rideaux de l'alcôve s'écartèrent et Catherine Théot en personne, les cheveux épars, à demi-nue, se montra aux yeux des deux femmes.

— L'*Eclaireuse !* l'*Eclaireuse !* apppela-t-elle d'une voix qui ressemblait à un râle.

— Me voici ! dit l'ancienne camériste, qui s'élança précipitamment vers elle.

La lampe s'était éteinte... Une mèche rouge... de la fumée... puis rien.

Ce fut à tâtons que la marquise de Perverie gagna la porte, et quitta, épouvantée, ce séjour du plus horrible et du plus inconcevable fanatisme.

CHAPITRE DEUXIÈME.

II.

L'agonie du XVIII° siècle. (*Suite.*)

Le lendemain, dans l'après-midi, à l'heure accoutumée de ses lectures, Emile fut demandé par madame la marquise de Perverie.

L'émotion avait semé des coquelicots sur ses joues quand il parut devant la grande dame que son imagination, plus encore que son cœur, avait faite la rivale de Trois-Mai.

Elle le regarda pendant un instant avant de lui adresser la parole.

Il avait beau essayer de se persuader qu'elle ne l'avait pas reconnu la veille chez Catherine Théot, il ne pouvait reprendre son calme habituel.

Des yeux de la marquise jaillissaient

deux petites baguettes qui allaient battre sa poitrine comme un tambour.

Il en était à son deuxième salut lorsqu'elle desserra les lèvres.

— Si jeune, murmura-t-elle, ce n'est pas possible.

Évidemment cet entretien allait être un interrogatoire.

Il ne tarda pas à en être convaincu.

— Où passez-vous vos soirées, mon enfant ? lui demanda-t-elle.

— Souvent à l'hôtel, quelquefois en promenade.

— Quand vous restez à l'hôtel, qu'y faites-vous ?

Il y avait dans la voix de madame de Perverie un ton de sollicitude presque maternelle qui le rassura.

— Je lis, dit-il.

— Quels livres lisez-vous ?

— Ceux de la bibliothèque de madame la marquise.

— Mon Dieu ! cette collection n'a pas été faite pour moi. Je crains que le mal et le bien ne s'y trouvent en trop grand mélange.

— M. Turpin choisit lui-même les ouvrages qu'il croit utiles à mon éducation.

La marquise hocha la tête, comme si elle eût voulu exprimer son incertitude à l'endroit du jugement de son major-dome.

— Et vos promenades, où vous portent-elles d'habitude?

— Mais...

— Quels quartiers parcourez-vous de préférence? continua-t-elle en attachant sur lui un regard scrutateur.

Emile balbutia quelques mots évasifs et sans suite.

— On vous a signalé comme ayant une habitation dans une maison éloignée d'ici, tout auprès de l'église Sainte-Geneviève. Est-ce vrai?

— C'est vrai.

— Peut-être y avez-vous quelque connaissance ?

— Personne, répondit-il d'une voix très-faible.

— Alors, qu'y allez-vous faire ?

Il ne répondit pas.

Les paroles de la marquise, meute de questions acharnées, le pressaient et l'enveloppaient de toutes parts. Fallait-il tout avouer ?

Madame de Perverie se méprit sur le

— Peut-être y avez-vous quelque con-
motif de cette décision, car l'orgueil in-
séparable de son rang, ou pour mieux
dire, l'austérité de son caractère ne lui
permettait pas de supposer que cet enfant, déshérité de fortune et de naissance,
eût osé élever jusqu'à elle l'ardente poésie de ses rêves d'amour.

— Allons, reprit-elle, je suis persuadée
que vous n'agissez pas de votre propre
mouvement. M. Turpin, probablement,
vous avait confié cette mission afin de
satisfaire son indiscrète curiosité.

— Oh ! madame, interrompit Emile
blessé au cœur par ce soupçon.

jules. — À mon âge, on se fait assez volontiers le complice de pareilles faiblesses.

— Je ne mentirai pas à madame la marquise.

— Je n'ose vous le dire.

Le ton qui accompagnait ces paroles leur donnait une solennité devant laquelle le doute n'était pas possible.

Émilie demeura les yeux baissés, écoutant. Ce n'était plus son amour, mais son nom, — l'honneur de son nom, — qui était en jeu. Aussi, il lui semblait impossible de siéger de son âme, couvrant ses yeux comme avec des paumes de main brûlantes.

— Non, madame la marquise, si je me suis trouvé hier chez Catherine Théot, c'est dans un motif tout différent de celui que vous me prêtez que j'ai souffert le complice de...

— Je n'admets ce motif. — la marquise.

— Je n'ose vous le dire.

Le ton qui accompagnait ces paroles leur donnait une solennité, et tant la marquise l'exige, que le doute n'était pas possible.

Emile demeura les yeux baissés, écoutant monter dans sa tête cette voix qui exigeait l'impossible. Le vertige faisait le siège de son âme, couvrait ses yeux comme avec des paumes de main brûlantes, lui ôtait toute force, toute haleine, toute clairvoyance.

Il en perdit la tête.

Autour de lui s'effacèrent, dans un ensemble confusément harmonieux, les meubles élégants et tordus, les glaces encadrées de feuillages d'or, les fleurs pourprés du tapis, les riches bouquets expirant dans les orgueilleux vases de Saxe, tout ce puissant luxe rempli de murmures, de reflets et de parfums.

Seulement, au milieu dominait une forme qui était celle de la marquise, perdue en des vagues de satin, aveuglante vision, cheveux en forêt, doucement agités, peau admirablement blanche.

Emile fermait les yeux, et il la voyait encore à travers ses yeux fermés; un bourdonnement insupportable se faisait sentir au dedans de lui; c'était comme des caresses qui lui passaient à travers le cerveau. Il portait la main à son cœur, et il entendit son cœur pétiller, comme il arrive d'une poignée de sarments qu'on jette sur un lit de braise.

Il absorba tellement de vie en ce moment unique, il ressentit à la fois comme un coup de foudre prolongé, une si grande peur et de si magnifiques délices, qu'il crut fermement qu'il allait mourir.

Dans cette persuasion, une de ses mains errantes chercha une console pour s'y appuyer et la rencontra.

Son visage blêmit, il balbutia en dé-dans d'inintelligibles phrases; et, fouil-lant dans sa poitrine par un mouvement machinal, il en retira un mouchoir qu'il porta à ses lèvres avec la suprême ivresse d'un mourant...

La marquise jeta un cri.

Elle venait de tout comprendre en re-connaissant ce mouchoir qui était brodé à ses armes.

Elle s'élança pour le lui arracher, au moment où il rouvrait les yeux.

Voyant l'action de la marquise, il ne put que tomber à genoux, de loin, en étendant les mains, effrayé, implorant...

S'il est des fautes qui portent leur rémission avec elles, celle que commettait Emile rentrait à coup sûr dans cette catégorie. Pendant une minute, la marquise de Perverie demeura pensive. Après un mouvement de fierté subjugué par la raison, elle sourit avec amertume.

— Pauvre enfant ! murmura-t-elle.

Ce mot contenait l'arrêt d'Émile, arrêt plein de clémence et de douceur. Il le comprit. En échange de sa folle passion, la marquise lui donnait la pitié d'une mère et le sourire d'une amie.

Semblable à un malade, qui ne connaît la gravité de sa blessure qu'au moment où on la met à nu, Émile vit au fond de son âme plus clair que de coutume. La générosité de madame de Perverie fut comme le rayon à la lueur duquel il reconnut la vérité. La séduction ne s'était pas adressée à son âme, mais seulement à ses yeux. Il se sentit pris d'un retour subit, comme s'il eût posé des lèvres profanes sur une image de sainte, et le regard majestueusement attristé de la marquise enfonça plus avant le remords dans son cœur. Il promena ses yeux sur les portes; s'il s'en était trouvé une seule ouverte, il se serait élancé hors du salon, car sa confusion s'exhalait déjà par des larmes. Enfin, elle éclata en sanglots, et il ne put prononcer que cette parole :

— Pardon !... pitié !...

Il s'était rappelé que la marquise avait été sa bienfaitrice, qu'elle l'avait accueilli au sortir de chez M. de la Reynière; et ces souvenirs lui criaient que son amour ressemblait, avant tout, à de l'ingratitude.

— Relevez-vous, dit-elle.

Les pleurs qu'elle lui voyait répandre eurent bientôt effacé ce qu'il y avait d'outrageant pour elle dans sa déclaration.

Après un silence, voici ce qu'elle lui dit, de sa voix douce et miséricordieuse.

— Vous êtes jeune et votre âme est ardente; vous pouvez devenir un homme honorable, utile à la société; mais aussi vous pouvez vous laisser entraîner à ces fausses rêveries qui ont perdu tant d'esprits excellents. Dieu ne vous a donné les trésors de l'intelligence que comme des armes prêtes à se tourner contre vous, si vous en abusez. Je me souviens encore de l'indignation généreuse que vous avez manifestée un jour, en voyant les saturnales d'une noblesse à l'agonie. C'était bien, c'était grand. Vous êtes un enfant que j'estime, et que je veux forcer à s'estimer lui-même.

« Dès le berceau, la voix maternelle vous a manqué pour vous apprendre comment il fallait tenir son cœur en laisse, afin de ne pas confondre l'amour qui rend l'homme meilleur avec les désirs insensés qui s'ouvrent comme des précipices devant son imagination. L'amour, je souhaite que vous le sachiez un jour, doit s'élever de votre âme pur comme une prière, dévoué comme l'ange de la charité, immuable comme tout ce qui tend à se rapprocher du ciel. Hors de là, il n'est que bassesse pour la femme et faiblesse pour l'homme. S'il arrive une heure dans votre vie où les vertus d'une jeune fille attirent vos regards, allez vous agenouiller seul sur les dalles d'une église, et là, demandez-vous si, sa beauté une fois éteinte, vous aimerez encore ses vertus. Et si vous pouvez en faire le serment, prenez-la pour femme, et qu'il en soit fait selon votre conscience.

» Mais ce n'est pas une inspiration délicate qui vous avait appelé hier soir dans la maison de Catherine Théot; vous obéissiez à une supposition blâmable pour la noblesse de votre âme, insultante pour la dignité de la personne que cherchaient vos yeux. Ne croyez pas, mon ami, que toutes les grandes dames, dont la vie vous semble inexplicable, soient à la recherche d'un brasier de plaisirs impies où les jours se consument comme dans un enfer anticipé. Le luxe au milieu duquel elles vous apparaissent, les éclairs que l'or et la soie font briller autour d'elles sont souvent plus lourds et plus horribles que le deuil et la pauvreté. Qui vous dit que tout cela ne cache pas un mystère de douleur? qui vous dit que ces apparences mondaines ne recouvrent pas une œuvre d'expiation?... »

Ces derniers mots, la marquise les prononça lentement et avec un soupir.

Émile l'écoutait dans une sorte d'extase.

Quand elle eut fini, il se précipita de

nouveau à ses pieds, mais cette fois il était facile de reconnaître que l'admiration et le respect seuls l'animaient.

— Ah! s'écria-t-il, vous venez de faire pour moi plus que n'a fait ma mère inconnue, car elle ne m'avait donné que la vie du corps, et vous m'aurez donné la vie de l'âme!

La marquise de Perverie lui tendit la main.

Il la saisit et y posa respectueusement ses lèvres, chaudes comme des larmes.

Puis il sortit.

La marquise était émue, une perle tremblait et brillait dans ses cils.

— Il est orphelin, dit-elle dès qu'elle fut seule ; je puis bien lui servir de mère.

A cette heure-là, les voix de l'Angelus s'éveillaient à Saint-Philippe-du-Roule : le jour diminuait ; elle ouvrit une des fenêtres qui donnaient sur le jardin et s'accouda.

Un quart d'heure après, la marquise était encore plongée dans des réflexions que lui inspirait son amitié protectrice, lorsqu'un valet lui apporta une lettre. Ce ne devait pas être un poulet, car il y manquait toute condition d'étiquette : point de parfum de musc ni de colombes au cachet. C'était un papier robuste et bien scellé, portant des estampilles de poste.

Elle s'en saisit avec empressement.

— C'est son écriture ! murmura-t-elle quand le valet se fut retiré.

Elle brisa le cachet et lut la lettre que nous transcrivons ici :

« Bien chère et tendre sœur,

« Dieu soit avec vous, et la Vierge Marie vous ait sous sa sainte et puissante protection !

» Du fond de ma cellule où mes jours s'écoulent en paix dans l'attente du Seigneur, je viens causer avec vous un instant, vous prévenant, si vous avez une réponse à me faire tenir, que nous entrons en retraite le 15 de ce mois, et que pendant la durée de cette dévotion, il ne me serait pas permis de vous lire.

» Où en êtes-vous des recherches pénibles que vous a léguées une sœur que vous aimez de si bon cœur, malgré les irréparables désordres de sa jeunesse ? La Providence vous a-t-elle permis de connaître enfin le sort de cette enfant si cruellement vendue par moi à l'heure de sa naissance ? Est-elle morte victime de mon abandon ? Ses petites mains s'éleveront-elle entre Dieu et moi, lorsque je subirai le jugement éternel ? Je ne puis vous dire les tourments que me cause cette idée, ne trouvant point dans mon corps assez de larmes pour apaiser les remords qu'elle me donne.

» Et quand je pense que l'homme qui a si fatalement pesé sur le poids de mes iniquités est précisément celui qui vous a faite veuve, oh! je prie pour lui, le Christ m'en est témoin! Ma prière est comme une lave brûlante qui consume en moi tout ce qu'il y a d'humain.

» Au nom de votre salut éternel, ma sœur, efforcez-vous de bannir toute idée de vengeance ou même toute pensée de haine. Il ne nous appartient pas de juger les fautes ou les crimes d'autrui. Nul ne sait sur la terre à quel degré le plus grand coupable a démérité de la miséricorde du Sauveur. Il nous a donné, lorsqu'il est mort sur la croix, la mesure de sa divine clémence, en pardonnant à ceux qui l'avaient crucifié.

Rappelez-vous que les fautes irrémissibles aux yeux des hommes ne le sont pas à ses yeux. Celui dont la destinée a si malheureusement heurté la nôtre n'avait peut-être pas appris à craindre Dieu. Aucune bonne parole n'avait accueilli son enfance pour lui enseigner le bonheur qu'il y a à vivre toujours en chrétien, ou du moins l'immense consolation que la foi réserve au repentir.

» La faute en est à ceux qui, devant former son intelligence, ne l'ont pas tournée vers le ciel.

» Souvent en songeant au péril que

court votre âme dans l'œuvre que vous accomplissez, il me prend un cuisant regret de vous avoir laissée, vous, vous charger seule d'un semblable fardeau. Mais ces réflexions ne recouvrent-elles pas une embûche du démon? Lorsque tardivement, hélas! je résolus de sortir du gouffre où m'avaient précipitée l'oubli de ma sainte religion et mon insatiable avidité des fausses voluptés du monde, je voulus d'abord réparer quelques-unes des monstruosités dont le souvenir me causait tant d'insomnies; mais le monde était pour moi comme un océan de vase, et je ne pouvais marcher sans m'engloutir. Vous vîntes à mon secours, ce fut la Providence qui vous envoya ; et maintenant, j'en suis sûre, ce n'est que l'esprit tentateur qui me suscite, sous la forme d'inquiétudes charitables, de dangereux retours vers le passé.

» L'amour maternel est un calice amer avant d'être une source de bonheur ineffable ; Dieu l'a voulu ainsi, afin que nous achetions la plus pure des jouissances par quelques jours d'anxiété. Celle qui n'a pas semé ne doit pas recueillir, et la femme qui n'a pas accepté les sollicitudes de la maternité ne doit pas en avoir les joies, c'est pourquoi, si, comme j'espère, vous retrouvez ma pauvre fille, il ne faut pas lui apprendre son nom ni lui dire que j'existe encore. Seulement, au moyen d'un subterfuge aussi innocent que possible, vous me l'amènerez à la grille du parloir pour que je la voie une fois. Je vous promets de ne pas déchirer mes joues et mes mains au fer du guichet en m'élançant vers elle, et, si mes sanglots me suffoquent, vous lui direz que je suis une grande pécheresse.

» Oh! ce ne sera pas mentir, car je puis dire comme le roi David :

— » Mes iniquités se sont élevées jusque par-dessus ma tête.

» Et c'est pour cela que je ne reprendrai jamais ce titre de mère laissé par moi dans la boue du chemin. Ainsi peut-être, si ma pauvre fille est vivante, et si elle n'est pas tombée dans une infamie dont je serais responsable, je lui éviterai la honte de connaître ma vie et le danger de croire à une prédestination fatale.

» Adieu, ma sœur, ne tardez pas à me répondre, et, dans vos prières, n'oubliez pas

» Soeur Élisabeth-des-Anges. »

Comme des grains de plomb lentement égrénés un à un sur la lettre, on aurait pu entendre tomber les larmes de la marquise pendant qu'elle lisait.

Elle reploya le mystique papier, le baisa dévotieusement, et le mit dans son sein. Ce qu'il y eut de rêveries, de commentaires à la suite de cette lecture, nul ne le sait. Madame de Perverie venait de s'affaisser sur un sofa, comme si elle eût trouvé une certaine volupté à s'abandonner à ses réflexions.

Le bruit d'une espagnolette grinçant à l'une croisées du salon la fit se redresser précipitamment. Elle entr'ouvrit les rideaux. Un élégant personnage, qu'elle ne reconnut pas d'abord, enjambait l'appui de la fenêtre. Elle poussa un cri et courut se saisir du cordon de sonnette, mais l'étrange visiteur l'avait suivie de près : il arrêta sa main sur le soyeux pompon. Pâle d'indignation plus que de crainte, elle se retourna.

C'était M. le duc de Noyal-Trefiléan qu'elle avait devant elle.

Il salua en souriant, et fit rentrer son épée sous les basques dérangées de son habit. C'était bien toujours ce même homme que nous avons vu, impassible et extrême, traverser à diverses reprises les sentiers les plus ardus de cette histoire.

Madame de Perverie, la tête haute, la main encore tendue vers la sonnette, le regardait.

Il parla le premier.

— J'ai besoin de m'excuser, marquise, non pas de ma visite en elle-même, mais de la vulgarité du moyen auquel vos rigueurs m'ont forcé de recourir aujourd'hui. L'entrée par la fenêtre est usée même au théâtre ; mais que voulez-vous?

je n'avais pas le choix, puisque vous m'aviez refusé votre porte.

— Et pour vous-même, M. le duc, il ne vous a donc pas semblé inconvenant...

— De prendre une pareille voie? Ma foi ! non. Je passais en voiture dans la petite ruelle qui longe votre jardin lorsque, en mettant la tête à la portière, j'aperçus votre gracieux visage encadré dans les draperies de cette croisée. Alors je fis arrêter ma voiture ; mon cocher me prêta ses épaules, et j'escaladai la muraille, grâce à vos espaliers qui, par parenthèse sont très-beaux ; recevez-en mes compliments... des poires superbes !

— M. le duc, un tel scandale...

— Marquise, je me roulerais à vos genoux, si je n'étais si fatigué.

Et il se jeta sur un sofa.

Madame de Perverie était excessivement pâle. Une légère contraction aux commissures de ses lèvres trahissait une émotion plus forte encore qu'elle ne voulait le laisser voir.

— Ce qui me confond, reprit le duc

de Noyal-Treffléan, c'est que vous vous inquiétez d'un... scandale, comme vous dites, auquel tout Paris s'attend depuis quinze jours. On sait que je suis amoureux fou de votre radieuse personne ! et c'est à peine si j'avais accompli la moindre extravagance pour vous être agréable.

— Vous, amoureux de moi !

— L'ignorez-vous, marquise ? Ce serait nier d'une cruelle manière la puissance de mes soupirs... et celle de mes regards.

— Dites plutôt que ce serait les réduire à leur simple valeur.

Le duc était homme à croiser longtemps la phrase, comme un bretteur de dialogue ; mais la marquise demeurait d'une froideur à lasser Marivaux lui-même.

— Çà, madame, reprit-il en changeant de ton, oubliez-vous que vous avez eu quelque attention pour moi ?

— Comment l'entendez vous, monsieur le duc ?

— Vous exigez que je mette des points sur les i ?

— Oui ? car l'heure est venue où je dois en faire autant de mon côté.

— Ah ! dit-il en voulant prendre à la marquise une main qu'elle retira aussitôt, cette parole me réconcilie avec votre sévérité. Vous voulez savoir si j'ai bonne mémoire ; soit, cela me fera peut-être tort dans votre esprit, mais enfin, vous l'exigez ; je vais donc rappeler tous les encouragements que vous avez donnés à ma flamme, ou tous les piéges que vous avez tendus à ma fatuité.

Le duc de Noyal-Treffléan, s'apercevant que la marquise était restée debout, se leva, lui avança un siége, en prit un pour lui, et continua en ces termes :

— Marquise, vous avez commencé la guerre un jour d'été à Versailles, chez madame de Guéménée. C'était la première fois que nous nous rencontrions. Dès que mon nom a été prononcé, vous m'avez jeté votre regard comme un lacet autour du cou. Vous ne vous en êtes pas tenu là : un de vos agents, détaché à mes trousses, m'a suivi, d'après vos ordres, pendant un laps de temps que je ne saurais dire. En convenez-vous ?

— Parfaitement, répondit-elle.

— Alors je conviendrai, moi, que j'ai failli faire dévorer l'agent de vos indiscrétions par un jeune tigre qu'on m'avait envoyé de Madras, et qui est mort de chagrin pour avoir entrevu cette proie sans s'en être rassasié. Néanmoins vos investigations ne cessèrent pas, et le drôle que je vous renvoyai à moitié mort de peur, fut remplacé par un autre.

— C'est encore vrai.

— Vous avez, en outre, pris à votre service tous les valets que je chassais de chez moi. Vous les interrogiez sur mes actions, sur mes habitudes, sur ma vie passée et présente.

— Après, M. le duc?

— Après, marquise? Quoi, cela ne vous semble pas suffisant?

— Je vous demande si vous avez autre chose à me reprocher.

— Mille autres.

— J'écoute.

— Bref, il m'aurait fallu un teneur de livres spécial si j'avais voulu le compte exact de toutes vos curiosités, à mon égard. Aussi je me résume : partout vous vous êtes inquiétée de mes actions les plus folles et les plus insignifiantes. Quand nous nous sommes rencontrés, dans le monde ou ailleurs, vous m'avez fait de vos regards une prison de feu. Donc, marquise, vous m'aimez au moins autant que je vous aime, démentir les preuves de votre amour, ce serait vouloir nier les clartés du soleil!

Le duc, pour mieux accentuer ses derniers mots, avait mis un genou sur le tabouret de madame de Perverie, mais celle-ci s'étant levée et reculée, il se

trouva qu'il s'adressait à une mignonne
Philis, brodée sur la tapisserie du fauteuil.

— M. le duc, dit la marquise d'une
voix qu'elle s'efforçait de rendre calme,
vous vous êtes trompé.

— Bah!

— Immensément, je vous le jure.

— Délicieusement d'abord.

— Toute votre erreur repose sur une
fausse interprétation des causes qui
m'ont fait agir.

— Tant pis, marquise, vous avez

planté l'erreur, je vous préviens qu'elle a pris racines.

—C'est l'âme pleine de douleur et non d'amour que j'ai pénétré dans votre vie privée.

— La douleur est l'avant-garde de toute passion féminine.

— Mais, M. le duc, examinez donc un peu mon visage. Voyez en ce moment ce qu'il y a sur mes lèvres et sur mon front, sont-ce des lignes de joie et des tressaillements de bonheur ?

— Bah ! ne se pourrait-il pas que

votre physionomie me trompât comme votre parole ?

— Écoutez donc, et tout va vous être expliqué d'un seul mot.

— Vite, ce mot.

— Je suis la sœur d'Hélène Clou, devenue, grâce à vous, la Clarendon.

— La Clarendon ?...

Le duc prit du tabac dans sa boîte d'or et leva les yeux au plafond comme quelqu'un qui cherche.

— La Clarendon ? répéta-t-il ; du diable si je me souviens...

— Vous l'avez oubliée!

— C'est absolument comme si je vous disais : Voyez ce chemin, cherchez-y l'ornière qu'y fit un de mes carrosses, il y a quinze ou vingt ans.

— M. le duc, n'insultez pas une de vos victimes agenouilée aujourd'hui devant Dieu.

— Chacun son tour : les dieux s'agenouillaient autrefois devant elle. Mais, madame, veuilez me dire comment, vous, marquise de Perverie, vous vous trouvez être la sœur de cette petite que je me rappelle à peine.

— Ah! ce mystère n'honore pas la mémoire de feu le baron de Mauguillain, mon pauvre père; mais n'importe, je dois tout dévoiler.

— Pardieu! fit le duc, vous me mettez sur la voie; je gage que la mère d'Hélène Clou a été la Clarendon du baron de Mauguillain.

— Oui, monsieur.

— Il ne m'en faut pas davantage.

— Pardonnez, je tiens à ce que vous connaissiez cette histoire dans tous ses détails.

« La mère d'Hélène Clou était marié à un malheureux ouvrier, qui mourut de débauche et de pauvreté dans une mansarde du quartier Saint-Eustache ; elle donna à mon père une fille à l'existence de laquelle il s'intéressa pendant quelques années, puis un beau jour il abandonna la mère et l'enfant. Ce ne fut qu'à son lit de mort que le souvenir lui en remonta au cœur. J'étais femme, il me confia ses inquiétudes. Hélène Clou fut facilement retrouvée, quoiqu'elle eût changé de nom. Sa mère n'existait plus, et elle, livrée à tous les vices depuis l'âge de quatorze ans, déjà vieille quoiqu'elle en eût trente à peine, apparut aux yeux de mon père comme la personnification de tous ses remords. Ah ! M. le duc, si vous eussiez vu cette scène... »

— J'aurais applaudi, dit-il.

— Si vous eussiez entendu les reproches que la pauvre fille adressait au baron ! Il n'y avait cependant que de la douceur et des larmes dans sa voix, mais c'était à vous attendrir vous-même, oui, vous !

— Avoua-t-elle à votre père que j'avais été au nombre de ses gendres ?

— Ce fut à moi, monsieur, qu'elle avoua toutes ses erreurs.

— Ce dut être un long entretien.

— Peu de temps après, mon père, avant de rendre l'âme, nous faisait jurer de nous aimer comme issues d'un même sang.

— Et c'est ainsi, marquise, que vous êtes la sœur de la Clarendon. Je comprends. Les familles seraient nombreuses si la mode venait d'adopter ainsi toutes les parentés illégitimes. Mais enfin, qu'y a-t-il encore de commun entre moi et votre sœur?

— En se retirant du monde...

— Ah ! elle est entrée dans un couvent ?

— Dans un couvent de Carmélites.

— Continuez.

— En se retirant du monde, reprit madame de Perverie, cette infortunée m'a légué une œuvre d'expiation, que vous soupçonnez sans doute.

— Non... A moins que ce ne soit la mission de me consoler de ses infidélités passées.

— Pourquoi, après avoir fait d'elle

une mauvaise fille, avez-vous tenu à ce qu'elle fût une mère pire encore ?

— En effet, je me rappelle certaine anecdote...

— Certain marché, vous voulez dire.

— C'est vrai. Ce fut une vente à l'enchère, où je me rendis acquéreur d'une enfant sur laquelle je voulais tenter une expérience morale.

— Cette enfant... où est-elle ?

Madame de Perverie attendait une réponse avec anxiété.

— Vous êtes curieuse.

Où est cette enfant, M. le duc ? répondez de suite, et je vous pardonne tout le mal que vous m'avez fait.

M. de Noyal-Treffléan sourit.

— Moi, je vous ai fait du mal ?

— Oui, je vous expliquerai cela tout à l'heure... mais tranquilisez-moi à l'égard de cette enfant... Toutes mes investigations ont échoué, je n'ai pu surprendre ce secret, tant vous l'avez environné de ténèbres... je me vois forcé de demander à vous-même ce qu'est devenue votre fille ?

Le duc fouetta de ses ongles la dentelle de son jabot, puis, du bout de ses lèvres et du ton le plus indifférent :

— Allons ! cette Clarendon est très-forte, dit-il ; elle aura su vous persuader qu'elle aimait encore quelqu'un ou quelque chose.

— M. le duc, ce n'est pas à la Clarendon, c'est à moi que vous répondez. Qu'est devenue cette jeune fille ?

— Elle est morte, dit-il.

— Morte !

— Mon Dieu, oui ; une voiture lui a

passé sur le corps un jour que je venais de la faire sortir de l'hospice où elle vivait depuis sa naissance. Cette sotte ne savait pas marcher dans Paris.

Madame de Perverie fixa sur le duc des yeux pleins de dégoût et de haine. Ses lèvres serrées renvoyaient à son cœur des mots qui eussent flétri l'horrible insensibilité de cet homme.

— Écrasée! reprit-elle. Y a-t-il longtemps de cela?

— Quinze jours... trois semaines... peut-être un mois.

— Est-ce votre propre voiture qui a été l'instrument du supplice?

— Non, c'est un fiacre, répondit-il en respirant une fleur qu'il venait d'arracher à un vase de la cheminée.

— Pauvre enfant! fit-elle en levant les yeux au ciel.

— Elle n'était vraiment pas laide, ajouta le duc de Noyal-Treffléan; des cheveux blonds, une jolie taille, un pied...

— Assez, monsieur! dit la marquise.

L'indifférence monstrueuse du duc lui semblait affectée, tant elle pouvait peu s'en rendre compte. Il lui vint la pensée que ce récit n'était qu'une fable imaginée pour déjouer ses recherches. En cela elle se trompait ; le duc de Noyal-Treffléau croyait réellement à la mort de Trois-Mai, Soleil lui en ayant raconté les prétendus détails.

Il reprit :

— Ma foi, je suis de votre avis, c'est assez causer de ses fadaises ; revenons à mon amour pour vous.

— Quoi ! malgré ce que je vous ai dit...

— Vous ne m'avez rien dit qui prouvât que vous ne m'aimiez point.

Madame de Perverie se recula de nouveau. Une lueur sinistre éclaira sa physionomie.

— Eh bien ! M. le duc, je vais maintenant vous prouver que je dois vous haïr.

— Je n'ai jamais désespéré des femmes qui commencent par là.

— Et des épouses que vous avez rendues veuves ?

— Je m'éloigne de celles-ci, parce que je n'aime pas la reconnaissance.

— Vous avez tué mon époux, monsieur !

Le duc sourit.

— Bah !

— M. le marquis de Perverie est mort d'un de vos coups d'épée.

— C'est impossible.

— Son fer s'était brisé contre le vôtre,

et vous avez eu la cruauté de continuer le combat!

Attendez... mais c'est de l'histoire ancienne que vous me racontez là... Le marquis de Perverie était donc ce fidèle servant de madame de Tessé, avec qui j'eus dispute un matin de l'année dernière? Parbleu! j'en ai vaincu bien d'autres sans m'informer de leurs noms! Où celui-là achetait-il donc ses lames?

— M. le duc!

La marquise étouffait.

Ici nous devons une courte explication. Le marquis de Perverie, bien qu'adoré de sa femme, avait été un de ces insensés qui tirent leur vie à quatre passions : le jeu, le vin, le duel et l'amour. Les causes de sa mort étaient toujours restées ignorées, même de la plupart de ses amis. Par respect pour la sainteté du lien qui l'avait unie à cet homme, la marquise ne répondait jamais que par une larme aux questions des importuns. La version la plus accréditée était donc que M. de Perverie était mort subitement dans sa terre de Bretagne, près de Nantes.

— Je vois qu'à mon insu, reprit le duc de Noyal-Treffléan, j'étais depuis longtemps mêlé à vos destins ; je ne m'étonne donc plus de la passion que vous m'avez inspirée la première fois que je vous ai vue.

— Encore! fit la marquise stupéfaite.

— Comment, encore? après ce que j'ai fait pour vous; savez-vous bien ce que ce mot contient d'ingratitude?

— M. le duc, je vous ai dit tout ce que j'avais à vous dire. Souffrez que je me retire maintenant.

— Quelle funeste opinion emporteriez-vous de moi, si je le permettais?

En homme de stratégie, le duc de

Noyal-Treffléan s'était placé sans affectation entre la marquise et la porte.

Il allait être nuit; le crépuscule finissait de rôder dans le jardin; et, des arbres agités, s'élevait un vent frais qui battait les rideaux de la fenêtre et le enflait comme des voiles marines.

La marquise eut peur.

— M. le duc! s'écia-t-elle en marchant droit à lui; M. le duc, vous allez sortir, n'est-ce pas? vous allez sortir à l'instant même?

— Vous souvient-il de l'histoire romaine, marquise?... Pour moi, je me rappellerai toujours ce trait d'un illustre général en us : il ne jura pas de vaincre ou de mourir, mais il jura de vaincre... et il tint parole.

— Monsieur!

— Voyons, nous ne sommes pas deux enfants; causons raison, c'est-à-dire amour. Eh bien! foi de duc et pair, foi de gentilhomme, ce que je ressens pour vous est différent de tout ce que j'ai ressenti jamais. C'est bizarre, n'est-ce pas? Votre fierté m'exalte, votre froideur m'attire, je trouve dans votre courroux même un attrait que je n'ai rencontré dans aucune autre. Où prenez-vous ces lueurs éclatantes qui se meuvent au fond de vos yeux noirs? Ah! marquise, marquise, que vous êtes belle!

Il fit un pas.

— N'avancez point ou j'appelle! s'écria madame de Perverie.

— Non, vous n'appellerez pas, continua-t-il; car ce serait appeler ce scandale que vous craignez tant, ce serait éveiller cette calomnie qui ne désire qu'une occasion pour vous mordre!... vous n'appellerez pas, car ce serait votre déshonneur qui viendrait!

Il faisait tout à fait noir dans la chambre.

Seuls, les feux de quatre prunelles se croisaient à distance, immobile

On n'entendait d'autre bruit que celui de deux respirations courtes, et puis aussi le frôlement d'une main, la main convulsive de la marquise cherchant le long de la tapisserie à rencontrer le cordon de la sonnette.

— Pourquoi donc croyez-vous que j'escalade les murs et que je monte aux fenêtres? Pensez-vous que ce soit gratuitement que je consente à risquer mes os le long de vos espaliers? Où trouverez-vous des preuves d'amour meilleures que celles-là? Répondez.

Elle ne répondait pas, elle ne pouvait pas, elle reculait.

— Ah! marquise, les beaux yeux de basilic que vous lancez sur moi! les beaux yeux! ils m'attirent...

Le duc fit un second pas.

Un cri étouffé sortit de la poitrine de madame de Perverie.

Aussitôt une vive lueur parut aux gerçures de la porte, un bruit précipité se fit entendre et les deux battants s'ouvrirent avec fracas.

Emile parut, un flambeau à la main.

— La voiture et les gens de M. le duc sont en bas ! prononça-t-il d'une voix ferme.

Le duc de Noyal-Treffléan eut une forte démangeaison de jeter Emile par la fenêtre ; mais six grands laquais, taillés en Philistins, se tenaient près de la porte. Il se vit donc forcé de battre en retraite.

Auparavant, il alla prendre son chapeau sur le sofa où il l'avait jeté, et, revenant devant la marquise, qui était restée frémissante et pâle, il s'inclina profondément.

— Marquise, dit-il, au revoir !

Puis, de façon à n'être entendu que d'elle seule :

— Partie perdue, partie remise. Bientôt vous aurez des nouvelles de mon amour.

CHAPITRE TROISIÈME.

III.

L'agonie du XVIIIe siècle. (*Suite.*)

La marquise était dans sa chambre, perdue entre les coussins d'une riche ottomane.

Il allait être cette heure du matin, midi, si pleine de mauvaise humeur pour une jolie femme, à laquelle les convenances interdisent de rosser ses valets et de gourmander ses gens.

Une vieille femme de chambre, sur le visage de laquelle se lisaient de longs états de service, vint demander si madame voulait recevoir un homme qu'elle avait fait avertir la veille au soir.

Elle disait un homme, parce que le personnage en question ne lui semblait ni maître, ni valet : en ce cas seulement, aux yeux des domestiques, on est un homme.

— Ah! fit la marquise, il s'est hâté de

se rendre ; c'est bien, ma bonne Gertrude, dis-lui d'entrer.

On introduisit l'homme. C'était François Soleil. Il salua sans prononcer un mot, et avec cette incommensurable humilité qui est une véritable science chez les gens en condition.

Lorsqu'il eut produit une deuxième édition de sa révérence, la marquise le regarda. Au premier coup d'œil, elle acquit la certitude que Soleil était d'une profonde subtilité, et qu'il fallait descendre à son niveau pour traiter avec lui. Au lieu de s'exposer à éveiller ses soupçons sur le but secret de ses démarches, en lui demandant des renseignements sur la mort prétendue de Trois-Mai, elle préféra tromper cet homme, afin de tirer de lui tout le parti possible, et de pouvoir, pendant un temps assez long, se livrer à ses recherches actives à l'abri des interventions redoutables de M. de Noyal-Treffléan.

— Vous vous nommez François Soleil, n'est-ce pas ?

— Oui, madame la marquise.

— Vous êtes attaché à la personne de M. le duc de Noyal-Treffléan ?

— Depuis plusieurs années.

— Je vous ai fait mander parce que votre maître m'ennuie.

Le sourire obséquieux disparut.

— Il m'ennuie, répéta la marquise, et il faut que vous me débarrassiez de lui pendant quinze jours.

François Soleil devenait froid.

— Vous ne m'entendez pas?

— Oh! pardon, madame la marquise.

— Que ne répondez-vous?

— C'est que... je ne comprends guère.

— Cependant, ce que je vous expose est clair : le duc m'importune ; je veux que, pendant deux semaines, il soit empêché de me voir et de venir dans mon hôtel.

— Je mets toutes mes pensées, toute mon intelligence au service de M. le duc, mais je n'ai aucune influence sur ses volontés.

—Ce n'est pas en consultant sa volonté que vous agirez.

— Comment alors ?

— Vous ne consulterez que la mienne.

—Malgré le désir que j'ai d'être agréable à madame la marquise, je ne vois pas le moyen de lui obéir.

— Vous ne voyez pas, cherchez bien.

— Si ce n'était manquer de respect à madame la marquise, je croirais qu'elle se joue du plus humble de ses serviteurs.

Madame de Perverie toussa légèrement, et toisant le drôle :

— Je parle sérieusement, dit-elle, et ne me suis adressée à vous que parce que je sais que rien ne vous est impossible à l'égard de votre maître.

— Madame la marquise me fait trop d'honneur en sachant des choses qui me concernent.

— Ah! cela vous fait honneur; j'en suis bien aise; mais cela pourrait vous faire peur aussi.

François Soleil commençait à se demander pourquoi il s'était si prestement rendu à l'invitation de madame de Perverie.

— Peur... balbutia-t-il.

— Et voyez... vous en devenez blanc déjà.

— Comme il plaira à madame; seulement je lui ferai observer, si elle me le permet du moins, qu'un honnête homme ne pâlit pas quand on lui dit : Je vous connais.

— Aussi ne dit-on pas ces phrases-là à un honnête homme.

La réplique était tranchante, et il ne vint pas à la parade.

— Pour ma part, continua la marquise, je connais un fripon qui a commis cent fois plus de méfaits que la loi n'en exige pour l'ornement d'un gibet, et qui se promène libre comme vous, absolument, comme vous, M. Soleil.

— Oh! fit celui-ci perdant de plus en plus contenance, tel cas qui semble pendable ne l'est pas toujours.

— Je vais vous en soumettre trois des moindres, et vous me direz ce que vous en pensez.

— Je suis bien ignorant en matière de législation, hasarda-t-il.

— C'est égal, les faits sont si nettement dessinés que vous les apprécierez facilement. L'homme dont je vous parle a enlevé un beau matin la fille d'un procureur. Pour accomplir son équipée, il a bâillonné une servante et cassé deux ou trois côtes à des domestiques qui essayaient de lutter contre lui.

— C'est une action blâmable, incontestablement.

— Vous croyez? Ce n'est pas tout. Cet homme a livré la fille du procureur à son maître qui était, dit-on, un prodigue et un capricieux ; trois jours après, la victime se précipitait dans la Seine et s'y noyait.

— C'est un malheur.

— Le procureur pense que c'est un crime.

— Un crime !

— Et si on lui faisait connaître l'auteur, il vengerait sûrement le trépas et le déshonneur de sa fille.

Quelque chose de très-froid courut le long de l'épine dorsale de François Soleil. Il murmura faiblement ces mots :

— Cela ne serait pas étonnant.

— Donc, si vous le voyiez pendre, vous n'en seriez pas surpris ?

— Non, s'efforça-t-il de répondre.

— Nouveau méfait passible de la hart : notre homme voyant un jour son seigneur et maître en grande fureur, parce que devant les fenêtres d'une de ses Danaés, on élevait une construction qui obstruait un charmant point de vue, s'en alla sans rien dire. Pendant la nuit suivante, un baril de poudre fit sauter la bâtisse.

— Originalité, excès de zèle, imprudence.

— Plaisanterie. Aussi ne s'en tint-il pas à si peu. Les effets de son imprudence ayant été attribués à un accident, on recommença les travaux.

« A peines les charpentes étaient-elles posées, qu'il mit le feu au bâtiment. »

— Est-on bien sûr que ce soit lui?

— D'une fenêtre voisine on l'a vu et reconnu.

— Il faisait nuit sombre, objecta avec précipitation l'irréfléchi Soleil.

La marquise regarda son interrupteur qui se mordait la langue.

— Vous le savez, dit-elle.

Il se tut.

— Enfin, troisième cas qui à lui seul

vaut dix aunes de corde : notre coquin a fait périr sous le bâton, par des misérables accoutumés à ce genre de besogne, un officier du régiment d'Artois avec lequel son maître devait se battre en septième rencontre.

— Cela prouve un grand dévouement à son maître.

— Mon Dieu! non, M. Soleil; cela prouve que le maître payait bien, voilà tout. Et il avait raison de payer cher, car cet homme, ce coquin dont je vous parle, s'exposait à être pris, jugé et mis à mort.

— Mais son maître, ce grand seigneur, aurait eu sans doute assez de crédit pour le protéger.

La marquise hocha la tête.

— Au temps où nous vivons, on a grand'peine à protéger un innocent, quel rang qu'on ait en noblesse ou en cour; à plus forte raison, il serait difficile de protéger un coupable.

— Après tout, dit François Soleil vivement inquiété par les accusations que la marquise lui nouait si impitoyablement autour de la cravate, ce serviteur aurait son maître pour complice; et, afin de ne pas s'exposer à condamner un des grands noms de France, la justice fermerait probablement les yeux sur les peccadilles d'un pauvre homme.

— Il n'y a nullement complicité entre le grand seigneur et le drôle, dit la marquise ; le moindre avocat vous expliquera comment Raton tirant les marrons du feu pour que Bertrand les mange, c'est Raton qui est le voleur. Et, ma foi, M. Soleil, je ne voudrais pas que vous fussiez le coquin en question, car d'un moment à l'autre vous seriez fort menacé.

— De grâce, madame, s'écria-t-il en

abandonnant son rôle, indiquez-moi un moyen de salut.

— Dès la première épreuve à laquelle j'ai voulu vous mettre, vous vous êtes montré bien peu empressé.

— Je vous en demande pardon à deux genoux.

— Serai-je débarrassée du duc pendant quinze jours ?

— Pendant un mois, si vous l'exigez.

— Quinze jours suffisent.

— Dès ce soir, madame la marquise peut avoir toute certitude à cet égard.

— Puis-je y compter ?

— J'en fais le serment.

— C'est bien. A ce prix, ma protection vous est acquise.

En prononçant ces derniers mots, madame de Perverie fit un signe de la main pour le congédier.

François Soleil sortit à reculons.

Une fois dehors, les plus cuisantes perplexités vinrent l'assaillir, et tout le long du faubourg du Roule, il se livra à de désespérants monologues. Quelle trappe soudaine venait de s'entr'ouvrir sous ses pas, et quelle complication imprévue s'ajoutait à ses propres complications? La connaissance parfaite que la marquise de Perverie semblait avoir de ses antécédents le surprenait et l'inquiétait d'une grande façon; il se demandait s'il était destiné à subir fréquemment cette collaboration malencontreuse dans le roman de la vie de M. le duc. Qui l'assurait que les exigences de la marquise n'augmenteraient pas tôt ou tard? Et même déjà ces exigences n'atteignaient-elles pas du premier coup un degré exorbitant? La débarrasser du duc pendant quinze jours! Comme si cela était facile, et comme s'il n'y avait qu'à vouloir!

Telles étaient les réflexions qui s'étaient faites ses compagnes de chemin, et dont chacune d'elles lui marchait sur le pied, le heurtait du coude ou le poussait dans le ruisseau. Maudites réflexions! elles lui murmuraient à l'oreille des mots mal sonnants, elles lui montraient des images de supplice et de roue, elles se faisaient cravates de chanvre et le serraient à l'étrangler. En proie à ces visions mauvaises, il roulait des yeux effarés sur chaque passant, croyant reconnaître tantôt un procureur, tantôt le bourreau lui-même, c'est-à-dire la plus disgracieuse personnification de la justice sur terre. Un million de petites gouttes d'or voltigeaient devant ses yeux, comme lorsqu'on s'est mouché trop fort ou qu'on a reçu une paire de soufflets.

Il marchait, rêvant au moyen d'éloigner le duc de l'hôtel de Perverie, et trouvant que cela était fort difficile, car il n'ignorait pas son entrevue de la veille avec la marquise et l'échec qui l'avait suivie. Il savait que son maître n'était pas homme à prendre tranquillement son parti d'une déconvenue et que maintenant, sans doute, il était vivement occupé à dresser de nouvelles batteries. En le dérangeant, François Soleil courait donc grand risque de lui déplaire, cette pensée glaçait toute inspiration dans son cerveau.

Il s'arrêta en deux ou trois cabarets, poëte de bagne, évoquant la muse du vice et ne la voyant pas monter à la surface de son gobelet écumant jusqu'aux bords. Il fit deux ou trois fois le tour du Palais-Royal, l'endroit du monde où il pousse le plus d'idées. Enfin le ciel ou plutôt l'enfer arriva à son secours, il sauta de joie en lisant une colonne du *Journal de Paris*.

Son plan était trouvé.

Il prit gaillardement le chemin de

l'hôtel de Noyal-Treffléan où il avait ses entrées à toute heure. Son front rayonnait, il avait même une petite chanson aux lèvres. Heureux François !

Quand il pénétra dans le cabinet de son maître, et il trouva habillé en pape, avec la tiare au front.

Il n'en fut pas étonné.

Le duc de Noyal-Treffléan, dont la moquerie était parfois haute comme le monde, avait une garde-robe de théâtre très-belle et fort nombreuse. Dans ses jours de dédain et de philosophique hilarité, il y pénétrait, et s'habillait tantôt en empereur ou en roi, avec le sceptre et le manteau d'hermine traînant; tantôt en président, avec la robe sanglante; ou bien en homme de guerre, bardé, cuirassé, armé de pied en cap...

Ce qu'il en faisait, c'était uniquement pour railler à ses propres yeux l'amour de ces choses frivoles et pour rire dans une glace au nez de l'humanité ambitieuse. Il prenait plaisir à se chamarrer de cordons, d'ordres, de titres, afin de voir tout ce que cela pesait sur son corps et de juger du plaisir que devaient y goûter les autres par celui qu'il ressentait lui-même.

Ce jour-là, il s'était vêtu en pape.

François Soleil demeura au milieu de la salle. Une pointe d'embarras perçait sous son air triomphant.

— Eh bien! que me voulez-vous, monsieur? dit le duc de Noyal-Treffléan; voilà bien souvent que je vous vois depuis quelque temps; il me paraît que vous oubliez un peu nos conventions. — Excusez-moi, monseigneur, mais aujourd'hui ce n'est pas ma faute.

Le duc leva les yeux.

— Expliquez-vous, dit-il.

— Ou plutôt, reprit François Soleil, c'est la faute du trésorier de M. le duc.

— De mon trésorier?

— Oui, monseigneur.

— Venez-en au fait, car je ne vous comprends pas encore.

— M. le duc n'a donc pas oublié que, lorsqu'il me fit l'honneur de me prendre à son service, il y a de cela...

— Treize ans, je sais.

— Il me recommanda de la manière la plus formelle à son trésorier, M. Saint-Sauveur, afin que le susdit trésorier me facilitât les moyens de réaliser la plupart de mes projets pour l'agrément de M. le duc et l'embellissement anonyme de sa précieuse existence.

— Eh bien ?

— Eh bien ! monseigneur, jusqu'à ce jour certainement, M. Saint-Sauveur s'est gracieusement conformé aux intentions de M. le duc; jusqu'à ce jour j'ai pu employer sans entraves mon imagination et faire agir tous les ressorts nécessaires; jusqu'à ce jour votre or largement répandu a fait éclore sous vos pas des fleurs de plaisir inconnues et splendides. Mais aujourd'hui...

— Aujourd'hui ?

— Je veux dire ce matin, M. Saint-Sauveur, pour des motifs qu'il ne m'appartient pas de discuter, a refusé son acquiescement à une nouvelle demande de ma part.

— Quelle demande ?

— Un subside plus important que les autres, il est vrai, mais nécessaire à l'accomplissement d'une idée nouvelle.

— Nouvelle, M. Soleil ?

— Nouvelle, M. le duc.

— Diable !

— Et M. Saint-Sauveur vous a refusé...

— Refusé net.

— Voilà qui est surprenant.

— D'autant plus surprenant, monseigneur, que jusqu'à ce jour j'ai constamment usé d'une discrétion qui, dans une autre époque, n'eût pas manqué de m'attirer les éloges de l'économe Balthasar ou du surintendant d'Héliogabale.

A cette flatterie, sérieusement prononcée, le duc de Noyal-Treffléan laissa échapper un sourire de complaisance.

— Vraiment, M. Soleil?

— Jugez-en vous même, monseigneur.

D'abord je me contente d'une simple brigade de dix hommes, dont trois seulement appartiennent à la police.

—Ah! ah!

Ce sont les moins payés. Ils n'ont pas de gages, leur service étant forcément plus irrégulier que celui des autres. Je les rétribue lorsqu'ils se sont distingués, après une affaire d'éclat, par exemple, ou bien encore pour les renseignements qu'ils m'apportent de première main.

— Et les autres?

—Les autres sont recrutés un peu partout. Ce sont des gens dociles, adroits et sûrs, toujours veillant, toujours cherchant, prêts à tout faire, dévoués jusqu'à la potence, obéissant au moindre signe, et qui se contentent honnêtement d'un rien, d'une misère, de cent pistoles par année.

—Cent pistoles! murmura le duc.

—Ils ne sont que sept, continua flegmatiquement M. Soleil; c'est au plus bas prix.

—Soit; mais cent pistoles multipliées par sept font...

—Sept mille livres; oui, monseigneur, le calcul est exact.

Le poing au menton, le duc de Noyal-Treffléan demeura immobile pendant une seconde.

— C'est vulgaire, murmura-t-il.

— M. le duc aurait-il quelque objection...

— Ces pleutres de valets ont l'âme mesquine ; sept mille livres !

François Soleil n'y comprenait goutte. Son maître, descendu jusqu'à mesurer ses dépenses, lui produisit l'effet d'un roi cirant ses bottes.

Mais le duc continua :

— M. le drôle, vous me faites servir en hobereau.

Cependant, monseigneur...

— Cent pistoles ne peuvent suffire à vos hommes.

— L'honneur seul d'être attaché au service de M. le duc...

— J'exige qu'à compter de ce jour vous leur donniez cent écus de plus.

— Les volontés de monseigneur seront exécutées.

— Ensuite, M. Soleil, combien me volez-vous, bon an, mal an?

Cette question, posée avec la plus complète indifférence, fit bondir le pouvoyeur de plaisirs.

— Moi voler! dit-il.

Le duc fronça le sourcil.

— Ah! vous ne me volez pas?

— Je puis jurer sur tout ce que j'ai de sacré...

— Fi! fi!

— Je mourrais de douleur si l'opinion de monseigneur était telle à mon sujet.

— Je ne vous demande pas ces protestations, je veux des chiffres. Combien me dérobez-vous?

Soleil en revint à ses soupçons de lésinerie.

— M. le duc ne se rend peut-être pas tout à fait compte des difficultés que présente le rôle du destin, et surtout des sacrifices qu'il impose... M. le duc aura sans doute trouvé excessives les sommes payées par M. Saint-Sauveur.

— Je n'ai pas vu ses comptes depuis cinq ans.

— Je ne puis cependant offrir à monseigneur des distractions indignes de sa haute naissance.

— Eh! maraud, qui vous querelle sur la dépense?

Soleil tordait son chapeau entre ses doigts.

— Une seule chose m'irriterait, continua le duc.

— Laquelle?

— Ce serait de ne pas être volé pa vous.

— Cela mécontenterait Votre Seigneurie?

— Gravement.

— J'ignorais...!

— Ignorez-vous que les bourgeois ont la manie des serviteurs honnêtes?

— C'est juste.

— Et croyez-vous que je veuille avoir moindre coutume de si bas étage?

— Je demande pardon à M. le duc d'être si mal entré dans ses nobles intentions.

— Comportez-vous différemment à l'avenir, ou je vous chasse.

— J'emploierai toute mon intelligence à réparer mes torts.

— J'y compte.

En parlant de la sorte, le duc de Noyal-Treffléan venait de jeter la plus grande perturbation dans la conscience de François Soleil. Voler le duc petit à petit, çà et là, avait été sa volupté à lui, son fruit défendu, auquel il goûtait en cachette et le cœur palpitant. Maintenant que ces détournements allaient devenir un salaire, quel plaisir y trouverait-il ? Soleil fut tellement sensible à ce coup imprévu, qu'il eut besoin de se maîtriser pour ne pas s'écrier :

— Que les hommes sont méchants!

Le duc regardait la sotte figure de son confident et se mordait les lèvres pour ne pas éclater de rire.

Il reprit:

— Nous parlions de Saint-Sauveur. Pourquoi vous a-t-il refusé de l'argent? ses coffres sont-ils à sec?

— Il m'a refusé la somme que je lui demandais, sous prétexte qu'elle dépassait la limite ordinaire.

— Combien était-ce?

— Cinquante mille livres.

— Pas davantage?

— Pas un denier de plus.

— Il vaut bien la peine en vérité.

Le duc haussa les épaules.

— Qu'est-ce, après tout? Le dixième de mon revenu.

— Que monseigneur est riche!

— Je vais envoyer un mot et un coup de canne à Saint-Sauveur.

— Que monseigneur est bon!

Le duc s'arrêta tout à coup.

— Mais, dit-il à Soleil, si vous ne me procurez pas une émotion nouvelle... nouvelle, entendez-vous... je vous en promets une, moi.

— Monseigneur sera content.

— Songez que je me blase et que je commence à engraisser d'une façon qui me déplaît.

— Ces deux considérations me préoccupent depuis un mois.

— Et vous changez le fond de votre sac?

—Magnifiquement, avec les cinquante mille livres.

— C'est bien.

Le grand seigneur traça quelques mots sur un papier qu'il remit à François Soleil ; c'était le bon que celui-ci demandait.

Resté seul, le duc de Noyal-Treffléan, fouillant par hasard dans son imagination, y trouva cette pensée ainsi formulée :

—Que veut donc tenter ce maître coquin ?

Deux heures après, comme il demandait sa voiture, on lui dit qu'elle était dans la cour. Chose bizarre, et qu'il ne remarqua cependant que lorsqu'il fut monté, son heiduque était changé, ses glaces étaient plus épaisses que d'habitude, et les tapisseries étaient bouleversées.

— Qu'ont-ils fait à ce carrosse, pensait-il.

Mais une autre préoccupation dissipa celle-ci :

— Les laquais ne savent où je veux me rendre, je suis curieux de savoir où ils me conduiront.

Les chevaux allaient le diable.

— Ivrognes ! murmura-t-il.

Cependant il s'impatienta d'aller si vite sans savoir où. Il tira le cordon une fois, puis deux fois, ce qui n'eut aucun résultat. D'une voix formidable il appela le cocher. Rien n'y fit.

Furieux... il poussa un grand éclat de rire, et prononça ces mots :

—Parbleu! ce sont mes cinquante mille livres qui entrent en danse! Allons, je vais m'amuser.

CHAPITRE QUATRIÈME.

IV.

L'agonie du XVIII° siècle. (*Suite.*)

Une demi-heure plus tard, M. le duc de Noyal-Treffléan se trouvait au fond d'un cachot, où on l'avait transporté roulé dans une couverture.

Ce cachot, qui avait dû remplir le rôle d'oubliettes sous Louis XI, n'était pas large, mais en revanche il était horriblement profond. Le mobilier se composait d'un lit vermoulu et d'une chaise à peine entière dans sa partie la plus indispensable.

Quand la solitude se fut faite autour de lui, et qu'il eut entendu se refermer la porte avec un bruit de tonnerre enrhumé, le duc de Noyal-Treffléan, revenu de l'étourdissement que lui avait causé cette surprise, se dit à lui-même :

— Ce n'est pas mal... Non, ce n'est pas mal... Il y a quelque invention là-dedans; je n'avais pas encore gémi dans les fers.

Il habitua ses yeux à ce local, et au bout de quelque temps il put voir à deux pas devant lui. Mais ce fut tout. Par une ouverture étroite et solidement grillée, le jour descendait de fort mauvaise humeur et se ramassait dans un mince espace, comme un chien qui veut dormir. Vers le midi, il s'éveillait un instant et s'étendait jusqu'aux murailles dartreuses, sur le fond sombre desquelles les déchirures et les écaillures grinçaient d'une manière fantastique.

Quelque robuste qu'il fût, un homme

n'aurait pu subir longtemps la reclusion infligée à M. de Noyal-Treffléan, sans perdre la raison et gagner d'affreux rhumatismes.

Le sol sablonneux et craquant offrait la flasque mobilité de la vase.

Au moindre pas, le pied s'y enfonçait tellement, que l'on se retirait effrayé de ce commencement de voyage vers les antipodes.

Le duc, accoutumé à la douce moiteur des tapis de son hôtel, crut d'abord qu'on avait mis des édredons à terre. Il lui vint même sur les lèvres une phrase que l'on pourrait rendre ainsi :

— Au moins, voilà une attention délicate !

Mais il ne tarda pas à s'apercevoir de son erreur, lorsqu'il voulu s'étendre sur ce qu'il croyait un être voluptueux nuage de duvet.

Il n'existait qu'une porte à cette prison, et après l'avoir cherchée à tâtons pendant quelques minutes, ce qui lui procura le plaisir de faire sous ses doigts une Saint-Barthélemy de barbeaux et de limaces, M. le duc la trouva ; mais c'était une plaque de fonte, cette porte, et la mettre en mouvement, même avec la clef, lui parut impossible à lui tout seul.

— Décidément, murmura-t-il, l'idée de ce Soleil me paraît assez ingénieuse. Ce cachot est conçu dans les bonnes traditions; il n'y manque guère que la cruche d'eau et le pain noir du captif...

Il n'achevait pas ces paroles qu'il se sentit heurté à la tête.

C'était un panier qui descendait au bout d'une corde par l'ouverture pratiquée à la voûte. Ce panier contenait une aile de volaille froide, un flacon de vin de Bordeaux et une tranche de pain toute petite. Il allongea les lèvres, comme pour exprimer une idée d'insuffisance à l'endroit de ce festin.

— Cela me conduira à peine jusqu'au souper, dit-il.

Néanmoins il mangea. Après quoi le panier remonta et disparut par l'ouverture, dont un mécanisme invisible soulevait la grille. Quand il eut bien soufflé sur la moindre miette, tourné la tête de droite à gauche, attendu, écouté, sifflotté et fait jouer les diverses faces de son gros diamant qui jetait des éclairs dans le souterrain, il se posa la question suivante :

— Que diable vais-je faire maintenant, et à quoi puis-je bien employer les loisirs que me crée ce faquin de Soleil? Si j'étais poëte, je charbonnerais les murs d'une nouvelle Henriade, je tresserais les rimes en idylles et en chansons, je soupirerais après l'ombre des bois et le chant des ramiers amoureux. Mais je ne suis pas poëte. Peut-être vaut-il mieux me mettre à la recherche d'une araignée sensible ou d'un crapaud mélomane; choisissons un ami parmi les rats de cette résidence, élevons-en un jusqu'à moi, soyons son protecteur et non son bourreau!

Un trottinement léger arrivait effectivement jusqu'aux oreilles du duc, mais c'était comme un petit bruit de velours et de feuilles, tantôt rapide, et s'arrêtant, gracieux comme un rire étouffé, quelquefois un coup de dent bien sec suivi de l'éboulement de deux ou trois grains de poussière, ce qui entraînait alors une déroute générale dans l'armée grignotante célébrée par le vieil Homère.

Comme le dîner de tout à l'heure, le jour était, lui aussi, remonté par le trou ; il s'en était allé de même qu'un employé qui a hâte de quitter son bureau. L'ombre opaque s'était mise à sa place et promettait de n'en plus bouger.

Le duc de Noyal-Treffléan était assis sur le matelas unique dont son lit se composait ; il tenait ses pieds en l'air afin de les protéger contre les indiscrétions à dent armée de ses petits commensaux, dont le murmure augmentait à chaque instant, et commençait à ne plus autant le réjouir.

— Combien de temps resterai-je ici ?

Cette question, autour de laquelle il se plut à grouper des suppositions plus romanesques les unes que les autres, l'occupa pendant une heure ou deux. Il conclut en lui-même qu'il était probablement destiné à passer la nuit dans ce cul de basse-fosse.

— Moi qui ai toujours couché sous des lambris dorés, comme disent les auteurs, cela sera nouveau; enfin, prenons patience... et attendons le souper.

Il attendait le souper.

Ses yeux demeuraient fixés vers l'ouverture; il épiait le moment où la grille devait se soulever et où il verrait descendre au bout d'une corde ce panier bienheureux que son imagination remplissait déjà de viandes succulentes, de vins exquis, de pâtisseries nombreuses.

Il attendait le souper avec une ferveur vraiment hébraïque, et il s'en repaissait à l'avance, tout en laissant échapper par intervalles des gestes impatientés.

Le souper ne venait pas.

Désappointé, après avoir attendu un laps de temps énorme, le duc de Noyal-Treffléan finit par comprendre qu'il ne devait pas venir, et se décida à se coucher philosophiquement, en proférant cette réflexion amère :

— Je crois que j'ai eu tort de dire à Soleil que j'engraissais trop!

Il est inutile de mentionner que toute

cette nuit-là, M. le duc de Noyal-Treffléan dormit fort mal et dormit fort peu. A peine le jour fut-il venu le regarder malicieusement par le monocle de la voûte, qu'il se dressa sur son lit et que son regard recommença à se fixer en l'air.

— Eh bien! qu'il vienne maintenant ton déjeuner, et je promets qu'il lui sera fait fête. Mordieu! je me sens ce matin capable de lutter de gourmandise avec les héros les plus affamés de Rabelais. Il faut que l'atmosphère de ce caveau ne soit point étrangère à cet effet, car je ne me souviens pas d'avoir jamais tant aspiré après l'assouvissement d'un désir carnivore...

Mais, comme la veille au soir, la grille du plafond demeura inexorablement close. Il attendit jusqu'à midi. Des borborygmes inquiétants élevaient la voix au dedans de lui et traduisaient sa plainte en langage déchirant.

— Oui... je vois ce que c'est... Soleil veut me mettre en appétit... il a raison... Depuis quelque temps je n'avais plus goût à rien, je ne mangeais pas. Le moyen est un peu violent, mais il est d'un effet sûr... Patientons encore.

Il patienta.

Bientôt il y eut vingt-quatre heures écoulées depuis son dernier repas. Vingt-quatre heures ! c'est-à-dire plusieurs siècles pour quelqu'un accoutumé dès sa plus tendre jeunesse à ériger sa panse en divinité. Aussi devons-nous ce témoignage qu'à partir de ces vingt-quatre heures-là, le duc de Noyal-Tretfléan commença à voir s'assombrir sa pensée et à compter sérieusement les battements de sa montre.

— M'aurait-il oublié? se demanda-t-il; cela est peu probable.

Il fit deux ou trois pas dans son cachot, se gratta la tête et croisa les bras.

— Décidément, cela ne vaut pas cinquante mille livres ! murmura-t-il.

Et prenant une décision, il appela à voix haute :

— Soleil !

Personne ne répondit.

Il recommença de plus belle.

— Soleil ! Soleil !

Sa voix frappa la porte et revint à lui, comme une balle élastique.

— Je ne peux pas cependant consentir

à me voir mourir de faim dans ce lieu mal commode. Il fallait me consulter auparavant : j'aurais répondu oui ou non. Cela me regarde, je pense, le choix et l'heure de mon trépas... Soleil !

Quinze ou vingt fois encore, ce nom retentit dans le cachot, mais en pure perte.

La patience échappa au noble duc.

Il lança contre la porte un furibond coup de pied, qui manqua lui casser la jambe.

— Ah çà ! gredin, m'ouvriras-tu ? Fourbe ! brigand ! fripon ! Tu m'espionnes sans doute par un trou de ce mur! Ouvre-moi, c'est assez! Ouvre-moi, sinon je te fais écarteler et déchirer avec des pinces rouges? Entends-tu, misérable? J'ai faim, j'ai soif et j'ai froid. Je ne veux pas rester une seconde de plus dans ton souterrain d'enfer. Ouvre-moi, je l'exige!

Silence sépulcral.

Le duc de Noyal-Treffléan ressentait d'atroces défaillances.

Cet effort de colère l'acheva.

Il se traîna vers son lit et se coucha, essoufflé, maugréant, n'en pouvant plus.

Il vit venir ainsi le soir.

Ses inquiétudes redoublèrent, empruntant cette fois un cachet de mélancolie et de désespérance.

Etendu sur son lit, les yeux attachés à la voûte, il disait d'un accent plaintif :

— Soleil, je m'ennuie... Soleil, ce n'est pas drôle... Voyons, tu t'es trompé cette fois ; je t'assure que tu t'es trompé... Je ne t'en veux pas, cela peut arriver à tout le monde... Ton intention était bonne, je le reconnais ; mais tu as trop préjugé de mon estomac... Je suis faible, Soleil, faible, faible... Jette-moi la moindre des choses, ce que tu voudras, peu m'importe... Certainement, c'est très-joli la prison et la faim... Mais encore il ne faut pas que cela dure longtemps... Songe que je n'ai pas les ressources filiales d'Ugolin...

Il ne remuait plus sur sa couche.

Son œil était éteint.

Seulement, de cinq minutes en cinq minutes, ses lèvres laissaient passer ce mot, qui devenait inintelligible :

— Soleil... mon bon Soleil...

Il était huit heures du soir.

Tout à coup une brillante lumière pénétra le cachot, et une odeur divine s'y répandit abondamment, enivrante et chaude.

O bonheur! ô surprise! ô magie!

Un guichet pratiqué dans la porte venait de s'ouvrir et laissait voir le plus enchanteur et le plus terrible des spectacles, c'est-à-dire une table somptueusement servie, avec des flambeaux d'argent aux deux extrémités, des mets que l'on devinait tout chauds à la douce fumée qui s'en dégageait, tels qu'une oie dorée entière sur un vaste plat de vermeil, des ailerons aux pistaches, des œillades de veau farcies exhalant le parfum de la truffe, une redoute de crêtes de coq, des beignets d'orange et un assortiment magnifique des derniers fruits de la saison.

Une forêt de bouteilles complétait cet harmonieux ensemble, forêt vierge, attendant l'explorateur hardi. Le médoc élégant coudoyait le bourgogne chaleureux; le champagne étincelait sous le goulot couronné, et le madère frémissait à travers les facettes de l'opulent cristal.

Une vapeur épaisse et colorée flottait autour de cette table qu'elle enveloppait comme d'un nuage odoriférant. La nappe, nouée et brodée à ses quatre coins, était d'une blancheur mate, qui buvait la lumière sans la rendre.

Tout enfin attirait le regard et l'éblouissait; quant à l'odorat, j'ai dit qu'il était gagné à l'avance.

Lorsque le duc se vit en présence de cela, sa faiblesse disparut, son corps retrouva sa vigueur. Il ne fit qu'un bond de son lit au guichet, un bond de jaguar !

Mais devant cette féerie adorable et tant souhaitée, il poussa un rugissement qui faillit desceller les pierres de la voûte; son nez se frottait vainement contre les barreaux étroits du guichet, vainement sa main essayait de s'y frayer un passage. Il tâchait d'ébranler la porte dans ses efforts désespérés. Impossible! impossible! Et à deux pas de lui, sous ses yeux, la table brillait, fumait, embaumait.

Hélas! c'était la table de Tantale!

Je ne veux pas dire la rage du duc lorsqu'il eut compris cette parodie féroce. Il en pâlit jusqu'au cœur, qui, cependant, reste toujours rouge. Ses dents serrées avec violence s'en enfoncèrent de quelques lignes de plus dans leurs gencives. Il vit ainsi refroidir tous les mets qui paraissaient l'appeler ironiquement, il vit ainsi s'envoler tous les parfums qui venaient caresser son visage. Enfin, ne pouvant plus supporter la torture d'un semblable tableau, il détourna la tête et chancela, fou de colère et de désir.

Le guichet se referma, et il lui tomba aux pieds un grossier morceau de pain noir.

— Mange, duc !

..... Un grand épuisement moral suivit cet épuisement physique ; car, à partir de cet instant, M. de Noyal-Treffléan fut soumis à ce strict régime du pain noir et de l'eau, deux fois par jour, aussi ne tarda-t-il pas à voir sensiblement diminuer son embonpoint. Quelquefois il daignait en sourire, mais le plus souvent il demeurait debout sur son séant, réfléchi et morne, se demandant si cela allait bientôt finir et comment cela allait finir.

Ce n'était pas tant l'idée de Soleil qu'il blâmait que l'inopportunité de cette idée. La marquise de Perverie lui revenait continuellement à l'esprit, et il ne pouvait supporter la pensée du triomphe de cette femme : s'il maudissait François Soleil, c'était principalement pour l'avoir interrompu au milieu de ses projets de revanche amoureuse.

— Quelle opinion va-t-elle concevoir de

moi? se disait-il en se mordant les lèvres; elle va me croire vaincu, humilié sans doute. Mes paroles ne lui sembleront plus que misères et fanfaronnades. Qui sait si dans ce moment elle ne raconte pas mon aventure aux quidams pailletés qui l'entourent? Singulière femme! c'est la première dont je me préoccupe avec tant d'insistance. C'est qu'aussi elle est fort belle. Belle est triste! c'est fruit nouveau pour moi.

Puis il se retournait sur le côté.

Mais, bah! ma captivité finira peut-être demain. Essayons de dormir.

Dormir! mot facile à prononcer; mais la diète travaillait son imagination et ne lui permettait tout au plus qu'un sommeil intermittent, haché de rêves, mêlé de sursauts et de cauchemars, pendant lesquels il voyait passer toutes les victimes de ses débauches, les unes parées de rien et folles de leur âme, rieuses jusqu'au délire; les autres sévères et le regardant haineusement, pauvres corps tordus, emportés dans une nuée sombre qui s'effilait en passant...

Loin d'en être ému, il les saluait au passage, leur souriait, les appelait par leurs noms, doux noms d'amour qui s'avillissaient en passant par sa bouche, Chloé, Hyacinthe, Fanny, Éliante, Amélie, grandes dames et pauvres filles, conquises dans un boudoir ou ramassées sur le pavé. Il en venait en foule qui lui jetaient tour à tour, celle-là un baiser, celle-ci une poignée de larmes, les autres des éclats de rire forcenés qui leur amenaient le sang à la gorge.

Du reste, lui, il ne sentit pas germer dans son cœur le plus petit remords.

Ces rêves l'irritaient parfois, mais c'était uniquement au point de vue de sa santé.

Onze jours s'écoulèrent ainsi. Onze ! puis le douzième arriva.

Malgré tout, cette nouvelle existence si différente de celle qu'avait toujours menée M. le duc n'était pas entièrement dépourvue de charmes pour lui, il en eût même attendu paisiblement la fin si son amour-propre de gentilhomme ne fût venu à chaque instant lui répéter que la captivité n'avait été pour les grands personnages qu'un défi jeté à leur énergie, et que tout prisonnier qui ne s'évade pas est un homme d'intelligence médiocre. Il résolut donc de tenter une évasion laborieuse et honorable.

Il choisit le mur le plus humide comme devant être le moins épais, et il se mit en devoir de le trouer. Ses mains se heurtèrent à tous les coins et recoins, dans l'espoir de trouver un objet quelconque dont il pût faire un instrument de travail. Des débris de bouteilles et d'impuissants morceaux de briques furent d'abord les seuls corps solides qu'il rencontra ou plutôt qu'il pêcha dans le sable. Heureusement il avait fait une ample provision de courage et de patience avant d'entreprendre sa besogne ; sa persévérance fut récompensée par une coquille d'huître qu'il déterra au bout de quatre heures de fouilles acharnées.

Il mordit la muraille avec cette dent improvisée, et crut avoir un instant entamé sa magnifique opération, mais hélas ! il s'aperçut bientôt que c'était l'écaille et non le mur qui tombait en poudre. Convaincu, dès lors, que le fer seul pouvait accomplir cette œuvre destructive, il finit par où il aurait dû commencer : visitant le lit, disséquant la boiserie pour y surprendre une vis quelconque. Mais vainement.

Alors M. le duc de Noyal-Tréfléan proféra un blasphème que le diable enregistra de suite sur son album particulier.

Mais comme il s'abandonnait à des

gesticulations immodérées, ses doigts touchèrent sur son vêtement un pli qui lui fit pousser un exclamation souriante :

— Comment avais-je oublié?... se dit-il en saisissant dans l'une des poches de son habit un petit poignard vénitien ciselé et solide.

Avec son poignard il se remit au travail. Chaque coup emportait une parcelle de la muraille. Mais une insupportable douleur de reins faillit gâter la plus vive et la plus poignante sensation qu'eût éprouvée depuis longues années cet étrange personnage. Par bonheur il était doué d'un génie inventif, et se couchant à plat ventre sur son matelas, il put ainsi poursuivre commodément son plan d'évasion. Ses émotions furent telles pendant qu'il se livrait à son travail de taupe, la crainte qu'on n'entendît les chocs de l'acier sur la pierre, l'anxiété que soulevait son incertitude sur la nature de l'obstacle nouveau qui allait, après le mur, s'opposer à son but, tout cela chatouillait si bien ce cœur usé, que par moments il s'écriait en éclatant de rire :

— Palsembleu ! Vous avez de l'intelligence, monsieur Soleil, vos tours se varient enfin !

Puis il repiochait avec une ardeur infatigable.

Ce labeur dura trois grands jours. A mesure qu'elle avançait, la besogne était plus facile et le mur plus tendre. Bientôt ce ne fut plus une écorchure qu'avait pratiquée le poignard, et le duc put sonder sa trouée. Après la pierre venait un terrain argileux, facile à enlever même avec les ongles. Cette découverte redoubla son activité; mais comme il voulait procéder méthodiquement, il s'occupa de terminer son embrasure avant d'aller plus avant.

Enfin, la muraille était percée entièrement. Il n'y avait plus que la terre à miner, et déjà le duc s'inquiétait de savoir où il trouverait une branche de feuillage et des rubans pour couronner dignement son œuvre de courage et de volupté, lorsqu'il lui sembla entendre des grognements bizarres. Cet incident lui donna la persuasion que la sape le dirigeait vers une autre cave où était enfermé un animal immonde qui attendait probablement l'heure où le charcutier l'immolerait aux avidités de sa clientèle. Au risque d'un si mortifiant voisinage, il continua de gratter, mais les grognements devinrent bientôt tellement formidables, qu'il s'arrêta pour tâcher de reconnaître, par audition, le genre de monstre en face duquel il allait se trouver,

Parfaitement initié au langage des bêtes fauves des deux mondes, il écoutait avec attention, quand tout à coup sa main rencontra dans la terre une énorme pate velue et griffue.

— Un ours! s'écria-t-il en retirant ses doigts.

Le duc venait de découvrir les titres et qualités de son voisin. C'était un ours! un ours gigantesque, à en juger par son effroyable respiration, et par la dimension exagérée de ses griffes. Cet ours, s'étant aperçu sans doute des efforts qu'on faisait pour pénétrer dans son antre, venait poliment au-devant de son visiteur en travaillant, lui aussi, au boyau de communication. Telle était la cause de la poignée de main échangée avec M. le duc de Noyal-Treffléan. Celui-ci se sentit mal à son aise, et son impassibilité ordinaire déserta son âme. Il sortit de son trou effrayé pour la première fois de sa vie. Et, circonstance peu propre à lui rendre sa présence d'esprit, il entendit le terrible quadrupède se livrer avec rage à l'achèvement du travail qui lui promettait un gras et illustre seigneur pour pitance.

En ce moment, si François Soleil se
fût présenté, il n'eût reçu qu'une faible
portion de compliments pour cette dernière surprise. Mais l'effet s'avançait si
menaçant, que la cause n'apparaissait
plus. L'ours faisait voler la terre jusqu'aux jambes du prisonnier. Il était
temps de songer à des moyens de salut.
Comment refermer le mur? Cette question prenait le duc à la gorge. Il n'y
avait plus une seconde à perdre en hésitations. Il roula son matelas, et, à défaut de tous autres matériaux, il en improvisa une bonde, qu'il enfonça dans
sa trouée; il appuya son lit et sa chaise
en barricade contre le tas de laine, puis,

s'étant appuyé lui-même à ses impuissantes fortifications, il attendit, dévoré d'angoisses....

Ici nous prions le lecteur de se mettre à la place de notre personnage, pour bien comprendre l'émotion qu'il dut éprouver quand son triste mobilier vacilla sous ses reins.

Excité par les obstacles, l'ours furieux prit le matelas dans sa gueule et l'attira à lui d'un seul mouvement. Alors entre lui et l'homme il n'y eut plus qu'une chaise et la boiserie d'un lit. Ce fut alors que l'animal se décida à passer par le trou !

Evidemment le duc de Noyal-Treffléan était perdu, car comment lutter contre ce colossal ennemi pour lequel une lame de Venise ne pouvait être qu'une épine dans une rose ? D'un regard désespéré il interrogea les ombres de sa prison. La chaise craquait déjà sous les dents de l'envahisseur, lorsque le duc vit descendre le panier qui lui apportait sa nourriture.

D'un bond il s'élança à la corde, et les pieds appuyés sur l'osier, les mains serrés autour du chanvre sauveur, il se confia à cette dernière chance de salut. Par un bonheur cruellement calculé d'après les ordres invisibles de Soleil, le panier remonta si bien, que l'ours, se ruant dans le cachot pour y saisir sa proie, eut un accès de colère épouvantable en s'apercevant de la déception. Suspendu à dix pieds au-dessus du sol, mais encore à distance de la voûte, parce qu'on n'avait remonté le panier qu'à moitié seulement, haletant, sentant son frêle esquif se démembrer sous lui, le duc de Noyal-Treffléan écoutait la bête antrhopophage qui, dans son délire, se heurtait aux murailles de façon à ébranler tout l'édifice et à faire croire qu'elle se suicidait.

—Hissez-moi donc entièrement! s'écria

le duc d'une voix impérative et suppliante à la fois.

Mais les préposés de Soleil avaient ordre de demeurer sourds aux prières comme aux menaces.

Le panier craquait tandis que l'ours se livrait à ses transports de fureur. Redoutant une lassitude inévitable, le duc voulut faire une nouvelle tentative par ascension. La grille du panier aux vivres pouvait être restée ouverte. Sur ses poignées il s'enleva comme un mousse le long d'un câble, à cette différence près que sa corde à lui était si mince qu'elle offrait à peine prise à ses efforts surhumains.

Nous l'avons déjà dit, ce cachot était d'une infernale profondeur; jamais le duc n'en avait eu une idée bien précise. Pour arriver à son but il croyait n'avoir qu'une faible distance à franchir. Une fois élancé, il lui sembla que c'était vers le firmament qu'il exigeait de monter; après des crispations affreuses, les mains brûlantes, les genoux déchirés, il arriva enfin à l'ouverture, mais le grillage de fer pesait sur elle, barbare et étroit!

Le malheureux prisonnier appela à

son secours, promettant à quiconque lui ouvrirait la porte de cet enfer, deux ou trois de ses châteaux, quatre ou cinq de

ses maisons de ville, puis enfin toute sa fortune! Personne ne fit mine d'entendre. Il jura, il grinça des dents. L'ours seul répondit par un rugissement, et le duc regardant sous lui, vit la gueule de cet animal, ouverte comme un gouffre et éclairée par la sanglante phosphorescence de ses deux yeux.

CHAPITRE CINQUIÈME.

V.

L'agonie du XVIIIᵉ siècle. (*Suite.*)

Je sais, par ma jeunesse liseuse, ce que s'attire d'imprécations un auteur qui abandonne un de ses héros dans une situation perplexe, pour passer à un chapitre tout différent. Bien que ce moyen d'intérêt m'ait toujours répugné, les nécessités de mon œuvre me forcent aujourd'hui à y recourir. La suite m'excusera, j'en suis convaicu, et l'on ne tardera pas à voir qu'il ne m'était guère possible de faire autrement.

Retournons donc à l'hôtel de Perverie, pour voir ce qui s'y était passé, pendant la détention de M. le duc de Noyal-Treffléan. Les démarches de la marquise pour retrouver la fille de la Clarendon, à présent sœur Elisabeth-des-Anges, n'étaient pas entièrement demeurées sans résultat. Un jour qu'elle dictait à

Emile une lettre dans laquelle elle s'enquérait d'un médecin surnommé, il y a dix-sept ans, le *médecin des pauvres*. Emile s'arrêta et lui apprit que son bienfaiteur, le docteur Palmézeaux, était probablement celui qu'elle cherchait. Ce renseignement obtenu, la marquise se mit à la piste du docteur, en commençant par l'hôpital des Enfants trouvés mais là ses incertitudes redoublèrent, car il y avait un mois que l'estimable Palmézeaux ne s'y était montré.

Elle s'informa de son domicile et courut au quai des Augustins, dans la maison qu'on lui indiqua et où nous avons fait entrer une fois le lecteur. Mais le vieux savant avait également abandonné sa boutique, et l'on ne savait plus vers quel point de la ville il s'était dirigé. Les renseignements que l'on put donner sur lui se bornèrent à ceux-ci: Devenu subitement possesseur d'une assez forte somme, Palmézeaux, devançant d'un demi-siècle le règne de la réclame et du puff, s'était mis à encombrer les gazettes de toutes sortes d'annonces relatives à sa *mégalanthropogénésie*. Ce n'était ni par orgueil ni par avidité qu'il recourait ainsi aux grosses cloches de la publicité non, le bonheur de tous, le perfectionnement de la race humaine faisaient son unique désir.

La gloire, beauté si revêche et si agaçante d'ordinaire pour un homme à cheveux gris, avait à peine attiré les regards de l'ancien médecin des pauvres L'intérêt public était son nécessaire, l'honneur ou la fortune son superflu. Cependant, malgré la magnanimité de ses intentions, des inimitiés jalouses avaient dressé leur tête devant lui. La Faculté des sciences surtout, après avoir payé des agents mystérieux pour se glisser dans son laboratoire et mêler des drogues nuisibles aux aliments des *mégalanthropogénesiens*, venait de promettre dix mille écus à un misérable, à la condition qu'il empoisonnerait le docteur même.

Nous n'avons nul besoin de dire que tout cela n'était qu'imaginations créées par ce bon Palmézeaux pour son propre tourment. L'histoire lui avait appris que le titre de savant s'enlaçait toujours à celui de martyr, et il ne croyait pas convenable de rester au-dessous de Galilée ou de Descartes.

Naïf au point de confondre ses impressions chimériques avec la réalité, il se croyait donc envié, haï, poursuivi et condamné par tous ses confrères. Ce fut d'abord à la police qu'il demanda de protéger son existence mise à prix. Le lieutenant civil lui répondit que s'il renouvelait de semblables prétentions, on l'emprisonnerait comme atteint d'aliénation mentale. Alors, persuadé que les magistrats eux-mêmes trempaient dans le complot dirigé contre lui, l'infortuné Palmézeaux n'osa plus sortir le soir.

Il ne se hasardait jamais qu'avec un vieux glaive caché sous sa houppelande et il rentrait avant le coucher du soleil. Mais bientôt, il crut reconnaître des connivences entre son concierge et ses ennemis invisibles, et dès ce moment il se prépara à la retraite, car la position n'était pas tenable. Peut-être qu'en changeant de quartier et en prenant un faux nom, il pourrait échapper au danger dont il était menacé. Un matin, il mit ses *megalanthropogénésiéns*, sa bibliothèque et sa pharmacie dans un fiacre; et il disparut en se tenant derrière la voiture comme un laquais, afin de voir si personne ne suivait.

Où trouver maintenant cet homme bizarre?

Emile avait accompagné la marquise de Perverie dans ses recherches. Depuis l'important service qu'il lui avait rendu lors de la grande scène du soir entre elle et le duc, en décidant la retraite de celui-ci par son apparition subite, notre héros avait entièrement gagné la confiance et l'affection de la marquise. Il partagea vivement son désappointement, et il résolut, de son côté, de tout mettre en œuvre pour déterrer la nouvelle retraite du docteur Palmézeaux. Déterrer était peut-être le mot.

Il battit le pavé de Paris pendant plusieurs jours, hantant les endroits les plus fréquentés comme les plus déserts, depuis le Palais Royal, qu'on appelait avec juste raison le *Palais immoral*, jusqu'au Luxembourg, qui avait aussi ses galeries. Il rôda autour des églises, des académies et des maisons de charité

Il alla même jusqu'à interroger les gens dans les rues; mais le médecin des pauvres n'était connu de personne, ou pour mieux dire, il était oublié de tout le monde.

En voyant les absences réitérées de celui qu'il appelait son élève, le majordome Turpin ne put s'empêcher de lui en manifester son étonnement.

— Seriez-vous par hasard amoureux? lui dit-il; le petit dieu malin qui régit l'univers vous aurait-il percé le cœur d'une de ses flèches acérées? Oh! prenez garde! L'amour est le plus funeste de tous les maux; il se plaît à jouer des tours aux humains, nul ne peut se soustraire à son empire. Méfiez-vous, vous dis-je, et suivez en cela les conseils de cet auteur si connu dont je ne me rappelle plus le nom :

Dans l'enfance, la femme est une fleur naissante,
    Cultivez-la !
Dans son adolescence, une barque flottante,
    Arrêtez-la !
Dans un âge mûr, une vigne abondante,
    Vendangez-la !
Dans sa vieillesse, hélas ! une charge pesante,
    Supportez-la !

Emile remercia beaucoup le majordome de son poétique avertissement, tout en l'assurant qu'il n'était pas amoureux. Mais Turpin ne lâchait pas prise comme cela, et lorsqu'il tenait une idée, il la tenait bien. Il hocha la tête et regarda le ciel avec mélancolie.

— Hélas! je sais ce que c'est. On veut se défendre d'un sentiment à la fois si cruel et si tendre. Je vous excuse et je vous plains.

Il soupira.

— Ecoutez, mon ami. Aujourd'hui j'ai résolu de vous amener dans une société illustre qui pourra peut-être parvenir à vous faire oublier votre blessure. Il est temps enfin de vous initier à des mœurs et à un langage différents de ceux que vous avez toujours connus.—

Quelles mœurs? quel langage? de quelle société voulez-vous parler? —Montez dans votre chambre et parez-vous de votre mieux. Puis revenez me trouver Moi je vais endosser mon habit rouge !

Émile obéit sans comprendre. Peu lui importait d'aller seul ou en compagnie; et puis, d'ailleurs un vague espoir le berçait toujours. Il revint donc au bout d'un quart d'heure, habillé selon l'ordonnance: il portait une lévite de couleur brune, de jolis bas chinés, un gilet de piqué, des boutons grands comme des écus de six livres et des boucles d'argent à ses souliers. Un chapeau rond en fin castor, orné d'un large bourdaloue, et une canne à la main, complétaient ce costume simple, mais de bon goût, qui mettait en évidence sa taille agréable, sa tournure élégante et ses grands yeux vifs et noirs.

De son côté, le majordome avait revêtu l'*habit rouge*, qui était pour lui le dernier mot du luxe, l'habit rouge, qu'il ne déployait que dans les occasions suprêmes, et dont il avait coutume de dire :

— S'il était doublé d'hermine, je ressemblerais trait pour trait à Voltaire !

Il avait en outre un gilet *à sujet*, des

boutons à sujet, et même des boucles à sujet.

Depuis cent ans les modes françaises ont parcouru la flamme des plus bouffonnes déraisons. Où cela s'arrêtera-t-il? On ne sait. Peut-être cela ne s'arrêtera-t-il pas. En l'année où se passe notre action, elles atteignaient aux degrés extrêmes de la folie. On voyait passer des hommes bariolés de blanc et noir, qui portaient le deuil de Marlborough, dont une princesse venait de mettre la chanson en grande vogue.

Quelques autres avaient des habits de drap, d'une couleur si drôle et si indéfi nissable, qu'on lui avait donné le nom d'*entraves de procureur*.

Mais la mode était surtout aux longues redingotes. Actuellement les Parisiens voulaient paraître droits et minces. Trente ans plus tôt, ils affectaient d'avoir de grosses épaules et de marcher voûtés.

Plus anciennement, ils se chargeaient de faux ventres d'une grosseur énorme. La configuration de leurs chapeaux variait du soir au matin, tantôt ronds à larges bords, tantôt prodigieusement élevés et presque semblables à la coiffure des Polichinelles.

La tête des femmes était surtout un monument de ridicule gracieux, dont le crayon mieux que la plume saurait donner une idée. Avec leurs cheveux pendants par derrière, la plupart d'entre elles ressemblaient à des conseillers ou à des marguilliers de dimanche.

On se coiffait en *chien couchant* et en *hérisson*, c'est-à-dire avec un toupet d'emprunt, haut pour le moins d'un pied et demi et dont les cheveux dressés menaçaient le firmament. On se coiffait encore *à la Captif* et quelquefois en *escalier de Fontainebleau*. Les chapeaux n'étaient pas moins absurdes; larges comme une table à thé, il étaient couronnés d'une bonde très-haute, avec des pompons balancés.

On s'affublait de chapeaux en ballon, à la Figaro, à la Dragonne ou à la Pandour. Un fichu bouffant enveloppait le cou et montait jusqu'au menton. Ces modes insensées ne manquaient pas d'un certain prestige; sous cet attirail gigantesque de plumes et de gaze, un visage joufflu s'amoindrissait sensiblement, tandis qu'une figure de peu d'apparence semblait acquérir de la sorte un embonpoint refusé par la nature.

Les gilets étaient en grande et tyrannique faveur; on en variait les dessins à l'infini. Du haut en bas, c'étaient de petits personnages fort mignons, des traits comiques ou galants, des chasses et des vendanges.

Sur le ventre de quelques personnes, on voyait passer un régiment de cavalerie tout entier. Un chevalier de l'Epinard qu'on citait dans quelques cercles indulgents, s'était fait faire une douzaine de gilets qui offraient les plus attrayantes scènes de *Richard Cœur de Lion* et de *Folle par amour.*

Il voulait, disait-il, que sa garde-robe devînt le répertoire de toutes les pièces de théâtre en renom, afin qu'elle pût un jour lui servir de tapisserie.

Que les hommes et les femmes de ce temps-là, temps sans retour, étaient donc heureux! Comme la richesse était alors une chose qui valait la peine d'être riche, et de quelles mille façons étonnantes et joyeuses on pouvait utiliser son argent! Si je m'arrête quelquefois, souvent même, avec une trop méticuleuse complaisance, sur les splendeurs frivoles de ce siècle d'opéra, qu'on me le pardonne, en songeant aux peintures sérieuses qui m'attendent et qui heurtent, impatientes, à la porte de ce chapitre.

Emile et le majordome Turpin se mirent en route ; il traversèrent les Champs-Elysées et passèrent les ponts. Une fois dans le quartier savant, on les vit entrer au café Dubuisson, où se trouvaient rassemblés beaucoup d'hommes de tout âge, qui parlaient haut et d'une manière excessivement animée. Le café Dubuisson, autrefois café Procope, bien déchu de son ancienne splendeur, ne pouvait plus passer pour l'antichambre de la renommée. Cependant il y venait encore des gens de lettres et des artistes.

Nous allons en faire connaître quelques-uns.

Nos deux intrus se faufilèrent dans la seconde pièce, qui était le cercle par excellence, et ils allèrent s'asseoir modestement dans un coin, d'où ils pouvaient entendre et voir sans être trop remarqués. Le majordome désignait à Emile les principaux personnages de l'assemblée, tout en savourant une tasse de moka brûlant qu'il arrosait de citations en vers.

Dans les vingt dernières années du dix-huitième siècle, les figures originales se succèdent en littérature et en philosophie. C'est une profusion et une confusion qui déroutent absolument les critiques. On ne sait pas au juste s'il s'agit d'une décadence ou d'une aurore.

Plus on marche vers la révolution, plus le désordre se manifeste dans les lettres, plus les traditions sont rejetées. Il est facile de se faire une idée de cette perturbation en feuilletant le *Mercure et l'Année littéraire*. L'orage gronde au Parnasse comme il gronde à la cour; c'est le même esprit d'inquiétude et de tentative.

La mythologie s'en va. Une littérature de faits remplace la littérature. Etendus sur leur chaise longue, les poëtes de boudoir se font coiffer pour leur dernier soupir; ils emportent avec eux les roses, les paillettes et les flûtes.

— Bonsoir, Nougaret, s'écria le majordome, après avoir longtemps cherché du regard, heureux de rencontrer enfin quelqu'un de connaissance.

Emile jeta les yeux sur l'individu que venait d'apostropher ainsi son compagnon.

Il vit un bout d'homme brun de visage, myope, parlant du nez, l'air *minable*, comme on dit, ayant un habit déchiré sous les bras, coupé aux plis, gras sur les côtés.

— Que diable fais-tu par ici? je te

croyais encore à Bicêtre ou au Châtelet, dit Turpin.

— Ah! mon ami, tu me vois dans la joie et dans la fortune! s'écria le petit homme; la belle chose que la littérature! Figure-toi que j'entre décidément au théâtre de Nicolet, le marché est conclu depuis hier. Je dois souffler et faire des pièces. Pour la première pièce, j'aurai douze livres et une culotte; pour la seconde, douze livres et une paire de soulier avec des bas; douze livres pour la troisième, avec une veste; et enfin, douze livres pour la quatrième, avec un habit noir retourné.

— La peste! dit son interlocuteur; je te fais mon compliment.

Nougaret était fort sérieux dans son enthousiasme. Il avait commencé par être garçon au café du Luxembourg, et devait être plus tard un de nos plus infatigables écrivains.

— Tu parles de pièces, n'est-ce pas? dit le chanteur Trial en s'approchant de lui; on est venu nous en lire une ce matin, dont je ris encore.

— Qu'est-ce donc? qu'est-ce donc, demandèrent plusieurs voix en s'empressant autour de Trial.

— Il s'agissait d'une comédie en trois actes mêlée d'ariettes, intitulée *le Coche*. Je ne sais comment s'appelle l'individu qui est venu nous la lire sérieusement. Voici du reste, en trois mots, quel est le sujet de cette pièce.

Au premier acte on voit paraître, sur une grande route, des bourgeois qui attendent le coche avec impatience, parce qu'il y a dans le coche une personne de leur connaissance, et ils s'informent à tout le monde si le coche est passé ou s'il passera bientôt. Enfin las de regarder à leur montre et de questionner, ils vont déjeûner dans le cabaret voisin; et c'est la fin du premier acte.

Le second acte n'a d'autre action que celle du coche qui passe et des bourgeois qui vont demander au cocher si M. un tel est dans le coche. On leur répond que M. un tel n'y est pas, et ils suivent la voiture en grondant beaucoup. Telle est la fin du second acte.

Le troisième est bien plus intéressant encore : les mêmes bourgeois reviennent sur la scène, maudissent leur étoile, regrettent la peine qu'ils ont prise, et finissent par rentrer dans le cabaret pour se consoler.

Cette narration s'acheva au milieu des éclats de rire.

En se tournant, Trial se trouva face à face avec un petit vieillard qui venait d'entrer, le chef branlant, et fort mal vêtu.

— Chefdeville! s'écria-t-il après l'avoir attentivement regardé.

Le petit vieillard eut un sourire.

— Quoi! mon pauvre Chefdeville, c'est bien vous, vous en si piteux équipage, vous que j'ai connu plus riche cent fois que M. Lyonnais, le médecin des chiens!

— Oui, riche! murmura le nouveau venu; j'ai été riche aussi, moi. Maintenant je ne le suis plus, voilà toute l'affaire. Qu'y a-t-il de surprenant à cela? Mon Dieu! rien. Je suis Normand et fils de meunier. La fortune a cent portes pour entrer dans la maison d'un homme qu'elle aime. Elle est entrée chez moi au son de la musette, et il fut un temps où ma musette et moi eûmes la vogue. Louis XV voulut m'entendre, il prit goût à la musette, et mesdames ses filles aussi. Les courtisans, qui étaient ce qu'en tous pays sont les courtisans, imitèrent le roi; je ne pouvais suffire à leur donner des leçons. Ils me payaient chèrement. En peu de temps, j'amassai plus d'un demi-million, et j'achetai le château de Charolais, avec ses quarante arpents de jardins, dans le faubourg de la Nouvelle-France. C'était un prince qui les possédait, ce fut *Chefdeville la Musette* qui en devint le maître. Ainsi va le monde. J'ai commencé ma vie par faire danser les bergères, je l'ai finie par faire danser des princesses. Vive la musette!

— Mais, aujourd'hui, mon pauvre Chefdeville, que sont devenues vos richesses?

— Et votre château de Charolais?

— Et vos quarante arpents de jardins?

Le vieillard fit entendre un petit soupir.

— Vive la musette! vive la musette! J'ai tout bu, j'ai tout mangé, j'ai tout dépensé en fêtes, mais je ne me plains pas. Vive la musette!

Il s'éloigna pour aller boire à crédit un verre de ratafia, ce quasi millionnaire qui mourut de pauvreté l'année suivante.

Sur un autre point, c'était une autre histoire que racontait le fameux marquis de Bièvre, serré, pincé, presque grave, c'était son histoire, à lui, extravagant chef-d'œuvre, qui a fait le tour du monde et créé un nouveau genre de littérature.

LES CHEMISES ROUGES. 281

— A douze ans, disait-il, je connaissais déjà toutes les langues *fourrées* ; à treize je fis une ode en vers *luisants*, et je donnai une pièce *de deux sous* en cinq actes *de contrition*, à l'occasion de laquelle on m'envoya une meute de chiens *dent* et un superbe couteau de chasse *marée*. Enfin arriva le jour de ma présentation à la cour : pour y faire mon entrée *de serrure*, je commandai à mon tailleur *de pierre* un habit de velours à ramage *de rossignol*, brodé en argent *comptant*, avec des manches *à balai* et des revers *de fortune*...

— Ah ! ah ! ah ! faisait le cercle.

Le marquis continuait, imperturbable :

— A mon arrivée, on sonna toutes les cloches *de melon*, on fit battre la caisse *d'escompte*, et l'on tira plus de quinze cents boîtes à *bonbons*. Plus loin, on récitait des harangues et l'on chantait des airs *rébarbatifs*. C'est ainsi que je fus conduit dans un magnifique jardin où de belles serres d'*épervier* renfermaient les plantes *des pieds* les plus rares; un canal immense couvert de cygnes *de tête* en rompait l'uniformité. En sortant de là, si, *ut*...

— Grâce, criait la foule cramoisie d'hilarité.

— En sortant de là, *b, c, d*...

— Assez ! assez !

— Je voulus voir plus haut, *p, q*...

Le majordome Turpin s'était approché du marquis de Bièvre, pour ne pas perdre un seul de ses coqs-à-l'âne, dont il riait gros-joyeusement. Pendant ce temps, Emile, resté à sa place, remarquait un jeune commis libraire, leste, vif, qui demandait à chacun d'une allure dégagée :

— Avez-vous lu les trois premières parties de mon roman ?

— Quel roman?

— Les *Aventures du chevalier de Faublas*.

— Non; mais j'en ai fort entendu parler. Où donc avez-vous appris, mon cher Louvet, à si bien connaître les grandes dames de notre siècle?

— Ah! c'est mon secret.

Il se frottait les mains.

— Prenez garde, monsieur! lui dit un individu qui l'avait écouté; vous avez fait un livre d'autant plus dangereux que le vice y est paré et fardé comme pour une fête, et que la volupté y est présentée comme une vertu. Vous avez plus osé que Crébillon fils, qui habillait les Français en Turcs; vous, vous avez habillé les Turcs en Français, et vous avez placé leur sérail au milieu de Paris. Prenez garde. Votre roman peut avoir une portée toute différente de celle que vous lui avez assignée dans votre imagination. Il a tout juste le degré banal de charme et de véracité qu'il faut pour être lu par le peuple. Point d'allégories, point de mystères; vous avez déchiré le voile qui couvre les productions de l'auteur de l'*Écumoire* et de ses imitateurs; vous n'attaquez ni les ministres, ni le parlement, ni le roi, ni aucun pouvoir; vos portraits ne sont pas comme dans les *Liaisons dangereuses* les copies de personnes vivantes. Aussi, n'est-ce pas de la noblesse que partira votre succès. La noblesse ne se mire que dans les glaces qui la flattent ou l'enlaidissent; elle passe insouciante devant celles qui ne font que reproduire son image avec fidélité. Votre succès vous viendra d'en bas, ce qui est un grand malheur, surtout pour les temps où nous vivons.

Louvet demeura un instant interdit sous cette amère semonce; puis, quand l'inconnu se fut éloigné :

— Quel est cet original? s'informa-t-il; un critique ou un philosophe?

— On dit que c'est un docteur.

— Et son nom?

— Il s'appelle, je crois, M. Guillotin.

Le jeune auteur de *Faublas* tourna sur ses talons et alla se mêler à d'autres groupes.

Mercier de Compiègne jouait aux dominos avec Mérard de Saint-Just, un maître d'hôtel devenu littérateur. Mérard de Saint-Just félicitait Mercier de Compiègne de ses éloges de la paille, de la goutte et de la boue, qui, à son tour, complimentait celui-là sur sa dernière lettre sans A adressée au duc de B***.

Un grand et beau garçon, le chevalier Michel de Cubières, que l'on appelait Dorat-Cubières, à cause de son admiration fanatique pour ce poëte, gesticulait avec violence pour dire des riens, entouré de Sabatier de Castres, de le Suire et de Saint-Ange, qui l'écoutaient en souriant satiriquement. Ce Saint-Ange, un des rédacteurs du Mercure de France, demeurait alors rue Française, au cinquième étage; il avait crayonné sur sa porte le distique suivant :

Messieurs, frappez une ou deux fois,
Et vous verrez quelqu'un paraître ;
Si vous êtes forcés de pousser jusqu'à trois,
C'est que je n'y suis pas ou bien n'y veux pas être.

L'attention de ces quatre personnages fut détournée par l'arrivée d'un écrivain original dont la réputation commençait à naître.

— Le berger Sylvain ! s'écrièrent-ils.

Ce berger Sylvain était le bibliothécaire Sylvain Maréchal, premier athée de France. Il sortait en ce moment de la prison de Saint-Lazare, où il avait été enfermé pour son Almanach des Honnêtes Gens.

— Les im... bé... ciles ! disait-il en bégayant ; m'avoir fait un crime de placer Jésus-Christ à cô... cô... té... de Ninon de l'Enclos... et de Spinosa ! Par... bleu ! ils en verront bien d'autres !

— Quoi ! vous ne vous repentez donc pas ? demanda le Suire.

— Votre détention ne vous a donc pas corrigé ? dit Dorat-Cubières.

Allons donc ! Je... je travaille à un nouvel ouvrage qui sera inti... tu... tu...

— Intitulé, dit Sabatier de Castres.

— Idée d'une société d'hommes sans Dieu.

— C'est un fort beau titre.

— N'est-ce pas? dit Sylvain Maréchal, enchanté.

L'heure avançait. Emile et Turpin se disposaient à sortir du café Dubuisson, lorsque dans un des coins de la salle s'éleva un tapage tel que la curiosité leur fit rebrousser chemin. S'étant approchés d'un groupe d'hommes qui criaient et se mouvaient, ils virent la cause de ce tumulte; c'était un personnage embobeliné d'un manteau. On l'accusait d'appartenir à la police et il se défendait maladroitement, en suppliant qu'on le laissât s'en aller.

Emile le reconnut et poussa un cri de joie.

—C'est lui, dit-il.

Il fendit rapidement la foule, et tendant la main au vieillard :

— Messieurs! messieurs! prononça-t-il, je vous assure que vous trompez, cet homme est l'ancien médecin des pauvres du quartier de la Cité, c'est le docteur Palmézeaux!

— Palmézeaux !

— Le *mégalanthropogénérateur!* s'écria-t-on de toutes parts.

Avant d'aller plus loin, expliquons la singulière mésaventure de ce bonhomme. Depuis sa disparition du quai des Augustins, convaincu plus que jamais des dangers immenses que la rivalité attachait à ses pas, il s'était acheté plusieurs déguisements, afin de pouvoir circuler dans Paris sans être reconnu. A l'aide de ses transformations, il osa se glisser au sein des réunions de savants où il supposait qu'il se tramait des complots contre ses découvertes scientifiques. Cela lui donnait un tel mérite à ses propres yeux, que, lorsqu'il lui arrivait de se voir dans une glace, il se sentait de vagues désirs de se prosterner devant lui-même. Le café *Procope* avait semblé à Palméeaux l'antre où ses ennemis tenaient conseil. Pendant plusieurs jours, il se borna à rôder devant l'entrée, glissant son regard au moindre entre-bâillement des rideaux, écoutant parler les gens qui sortaient, et les suivant quelquefois jusque chez eux pour savoir leurs noms. Tout cela ne lui avait pas révélé le mot de la conspiration ourdie contre lui.

Un soir, le cœur plein de courage, il

alla prendre place au milieu des insurgés au risque d'être poignardé comme jadis César. Mais il n'entendit pas un mot qui eût rapport à ses travaux ou à sa personne.

— Ils me savaient là, pensa-t-il en se retirant.

Le lendemain, il revint encore mieux métamorphosé. On parla politique, astronomie, poésie et théologie, sans avoir l'air de songer qu'il existât au monde un docteur Palmézeaux.

Le surlendemain, toujours sous un nouveau costume, l'infatigable savant prit encore place dans un angle. Il faisait mine de lire les gazettes et tenait ses oreilles ouvertes comme des entonnoirs. Des garçons l'avaient remarqué. En ce temps-là, le volcan révolutionnaire grondait dans les entrailles de la France, et l'activité de la police était connue de tout le monde. On supposa donc que ce singulier protée, qui, au café Dubuisson, n'apparaissait jamais deux fois de suite sous les mêmes vêtements, appartenait à la surveillance du royaume.

On comprend maintenant l'accueil qui venait d'être fait au docteur Palmézeaux.

Mais, messieurs les philosophes, les savants et les poëtes ne connaissent pas tous les hommes. Aussi à peine celui-ci eut-il dépouillé son anonyme qu'on le hissa sur un tabouret, et là, à sa grande confusion, des hourrahs célébrèrent ses découvertes *mégalanthropogénésiennes*.

Il fallut qu'Emile et Turpin intervinssent une seconde fois pour l'arracher à ces nouvelles démonstrations, et ce ne fut pas sans peine qu'ils y réussirent.

Une fois qu'ils furent dehors :

— Où me conduisez-vous, mes enfants? demanda le docteur que chacun d'eux tenait par un bras.

— A l'hôtel de Perverie, répondit Emile.

CHAPITRE SIXIÈME.

VI.

L'agonie du XVIIIe siècle. (*Suite.*)

Hugues-Sylvain-Magloire-Etienne-Nicolas-Dominique-Charles de Noyal, duc de Noyal-Treffléan, seigneur de Chef-Boutonne, de Fougereuse et de Ménitré, était demeuré suspendu au-dessus de la gueule d'un ours.

Cet ours était de race, lui, aussi ; c'était un ours gentilhomme, épais et brun, qui avait encore des glaçons de la Suisse emmêlés dans ses poils. Son allure était superbe sans trop de pesanteur, car il était jeune, et ses dents éblouissantes de fraîcheur dans leur cadre écarlate donnaient assez l'idée d'un piano petit module.

Le duc, toujours cramponné à sa corde, put aisément se convaincre de la supériorité de cette mâchoire, en le voyant se dresser sur ses pattes et lui tendre, comme un mendiant, cette sebille de nouvelle espèce.

En toute autre occasion, le duc de Noyal-Treffléan se fût empressé de rendre justice à l'incontestable beauté de cet animal. Mais, en ce moment, ce ne sera pas trop hasarder que d'affirmer qu'il ne jouissait pas tout à fait de la sérénité de son jugement, et que l'incommodité de sa situation lui enlevait une grande partie de sa liberté d'examen.

Ses forces s'épuisaient, son courage se lassait, des crampes le mordaient aux jambes, aux genoux et aux épaules. Cinq minutes de plus, et ses doigts, sans force, allaient peut-être lâcher la corde; par bonheur, ce jour était le quinzième de sa captivité; et au moment où il sentait un nuage enflammé envahir son cerveau, la grille que heurtait son front se souleva tout à coup, le panier aux vivres fut mis en jeu par un mouvement ascensionnel.

Il était temps, car à peine le duc se trouva-t-il hors de danger qu'il lui prit une faiblesse. Son regard, tout à l'heure dilaté à l'excès, rentra sous la paupière fermée comme rentre un diamant dans l'écrin. Mais alors il était en lieu sûr, et ce fut François Soleil qui le reçut dans ses bras lorsqu'il le vit s'affaisser.

Revenu entièrement à lui-même, le duc de Noyal-Treffléan sentit qu'on lui bandait les yeux. Il ne fit aucune résistance et se laissa guider.

On le fit monter par un escalier étroit et tortueux, comme celui d'une tourelle.

Puis il entendit le bruit d'une porte qu'on ouvrait; et l'air pur du dehors vint le battre au visage.

Bientôt le sable, criant sous ses pas, lui fit juger qu'il était dans un jardin ou sur une terrasse. Il pouvait être quelque chose comme cinq heures de l'après-midi, et le vent était frais.

Alors il pensa.

— Peut-être cette promenade n'a-t-elle d'autre but que celui de développer en moi le sens de la curiosité ou de me ramener à l'amour de la nature par l'appréciation exclusive de ses odeurs et de ses harmonies.

Dans cette idée, il respira à pleins poumons et il écouta de toutes ses oreilles.

— Le fait est, murmura-t-il, que c'est tracassant de ne rien voir, surtout lorsqu'on sait pertinemment n'être pas aveugle. A la longue, cela constituerait un supplice bizarre. Il faut que j'essaye à le faire adopter par les tribunaux. Tel sera condamné à avoir les yeux bandés pendant cinq ans, tel autre pendant dix ans, tel autre encore...

Mais le duc de Noyal-Treffléan fut subitement interrompu dans ses projets de pénalité.

Ses compagnons venaient de s'arrêter.

Un grand mouvement se faisait à cet endroit; il entendait des gens aller et venir; des ordres étaient donnés à voix basse.

Tout à coup une colonne d'air s'abattit sur lui si énorme qu'il faillit en être renversé et qu'il en passa un vaste frisonnement aux alentours.

— Ouais ! dit tout haut le duc, qu'est-ce que cela signifie ?

Aussitôt une voix s'écria précipitamment :

— Tenez les cordes ! tenez ferme !

Il y eut encore une seconde bouffée d'air, mais plus faible et moins prolongée.

— Parbleu ! M. Soleil, vous vous êtes trahi, et je viens de reconnaître votre voix. Est-ce une tempête que vous organisez sur le gazon? ou bien seulement avez-vous réussi à vous procurer le dieu Borée et à l'enfermer dans une outre?

Personne ne répondit.

Toutefois, l'agitation devenait de plus en plus intense autour du duc.

Au milieu du bruit des pas et des voix, il crut distinguer un cri étouffé, un cri de femme...

Presque au même instant, il fut saisi par les quatre membres sans qu'il eût le temps de se débattre, et il fut déposé dans une sorte de fauteuil oscillant, très-commode, du reste, et on ne peut plus moelleux.

— Holà! dit-il, dès qu'il fut revenu à lui, voulez-vous me donner une imitation du mal de mer?

Au fond, il était intrigué.

On le garotta aux jambes et aux bras.

Pendant cette opération, le fauteuil se balançait toujours et d'une façon qui commençait à devenir insupportable.

Un coup de sifflet partit.

Le duc de Noyal-Treffléan se sentit violemment enlevé; une commotion électrique lui courut par tout le corps ; il eut froid aux tempes.

Un autre coup de sifflet retentit ; les cordes qui le retenaient et le bandeau qui couvrait ses yeux tombèrent comme d'eux-mêmes.

Il vit alors...

Et un cri involontaire s'échappa de sa poitrine, un cri perçant, vibrant, formidable.

Il était emporté par un ballon...

Un ballon immense, ayant environ cinquante pieds de haut!

Et devant lui, dans la nacelle, une femme, les yeux encore bandés...

Cette scène venait de se passer sur une terrasse d'une maison située dans la partie la plus solitaire de l'île Louviers. M. Soleil l'avait louée pour y établir le théâtre de ses opérations, et, durant la réclusion du duc, il y avait fait construire un gigantesque aérostat, comme l'idée lui en était venue en lisant dans le *Journal de Paris* l'annonce d'une prochaine ascension des frères Robert.

Les ballons faisaient alors grand bruit. On ne parlait que des expériences de M. de Morveau, de M. Charles et du pauvre *abbé Miolan*, dans le nom duquel un plaisant avait trouvé cet anagramme : *Ballon abîmé.*

Celui que François Soleil avait fait faire pour le duc était prodigieux par son élévation, et, vraisemblablement, les cinquante mille livres n'avaient pas été de trop en cette circonstance. Il avait appelé à lui les plus célèbres physiciens et les hommes spéciaux, qui s'étaient mis au travail sous ses ordres, en secret. Au bout de quatorze jours, le ballon était achevé, et le quinzième, il quittait la terre, à son premier signe de doigt.

Pendant que le duc de Noyal-Treffléan

s'élevait dans les airs, Soleil descendait l'escalier de la terrasse, afin d'aller jouir du coup d'œil au bord du quai. Sa figure était épanouie, et il se battait des mains à lui-même. Par une éclatante et audacieuse combinaison, il avait fait coup double en obéissant aux volontés de la marquise et en inventant pour le duc une série de sensations nouvelles, couronnées par la plus exhorbitante des fantaisies.

François Soleil avait donc toute raison de se trouver satisfait de sa personne, et il ne s'épargnait pas les congratulations intimes, lorsque, en ouvrant la porte qui menait au dehors, il se vit face à face avec Emile, qui accourait, pâle, bouleversé, haletant.

Un pressentiment traversa l'esprit de Soleil, qui recula par un mouvement involontaire.

— Trois-Mai ! Où est Trois-Mai ? s'écria Emile en lui sautant à la gorge.

Soleil devina tout, en voyant descendre d'un carrosse, qui venait de s'arrêter à l'angle de la maison solitaire, madame de Perverie suivie du docteur Palmézeaux. Il comprit que ce dernier avait mis sur sa voie et que les indiscrétions de

Christine avaient fait le reste. Un juron s'élança du fond de sa gorge, mais il fut comprimé au passage par les doigts du jeune homme qui lui serraient le cou.

— Misérable! qu'as-tu fait de Trois-Mai? répéta-t-il.

François Soleil essaya de lutter, mais l'exaspération d'Emile, jointe à sa force nerveuse, lui fut un insurmontable obstacle; en moins d'une seconde, il tomba terrassé, et un genou s'ajouta sur sa poitrine aux deux mains qui lui faisaient un étau.

— Réponds, ou je t'étrangle comme un chien.

— Lâchez ! lâchez-moi ! disait Soleil, gonflé et bleu.

Emile desserra un peu les mains pour lui laisser la possibilité de se faire entendre.

— Où est Trois-Mai ? cria-t-il.

— Là-haut !... articula François en désignant le ciel où l'on voyait monter majestueusement le ballon.

. . . .

Sous les pieds du duc de Noyal-Treffléan, la terre fuyait, les cîmes des arbres s'abaissaient. Un grand vent lui battait la figure. Il ferma les yeux pour ne pas choir, car le vertige allait s'emparer de lui. Tout à l'heure dans ses entrailles de la terre, à présent au-dessus d'elle, dans les nuées, au pays des astres ! Pendant quelques secondes il ne vit plus rien, n'entendit plus rien, ne sentit plus rien. Il doutait de son identité, il rêvait.

Le ballon montait, montait toujours, au milieu du silence et du calme limpide de l'atmosphère. Arrivé à une certaine hauteur, son vol devint insensible et égal, comme le vol harmonieux de l'hirondelle. Il ne déchirait plus le ciel, il le fendait tranquillement et semblait respirer, à présent qu'il se sentait dans sa patrie bleue.

Ce fut en ce moment que le duc de Noyal-Treffléan rouvrit les paupières, ébloui, enivré, sûr de lui-même cette fois. Il ne s'occupa pas d'abord de la femme aux yeux bandés qui était assise devant lui; une femme! il avait bien d'autres choses à voir. Il assura ses mains, et, inclinant la tête, il regarda au-dessous de lui.

Il distingua les boulevards depuis la porte Saint-Antoine jusqu'à la porte Saint-Martin; ils étaient couverts de monde, ce qui les faisait ressembler à une longue plate-bande de fleurs variées. Il passa au-dessus des jardins de la rue Saint-Antoine, et promenant sa vue au lointain, il découvrit la butte Montmartre; puis Neuilly, Saint-Cloud, Sèvres, Issy, Meudon.

Le ballon montait toujours.

Le duc, pour s'orienter, chercha le cours de la rivière, et la suivant de l'œil, il aperçut le confluent de l'Oise. Il jugea qu'il devait être encore à Passy ou à Chaillot.

Mais au lieu de traverser la Seine, comme semblait l'indiquer la direction de l'aérostat qui le portait sur les Invalides, il longea l'île des Cygnes et remonta jusqu'au-dessus de la barrière de la Conférence.

Depuis plusieurs instants le ballon semblait demeurer immobile et comme hésitant. Le vent changeait. Bientôt il éprouva une vive secousse et recommença à filer, mais dans un autre sens. Il traversa la rivière entre Asnières et Saint-Ouen, passa rapidement sur Gennevilliers, Saint-Leu-Taverny, l'Ile-Adam et Nesle.

La majesté du paysage qu'il avait sous les yeux ne pouvait se comparer à nulle autre. C'étaient des amoncellements de vallons et de collines, baignés de vapeurs flottantes ; des forêts qui avaient des nuages dans leurs cheveux ; des courants d'eau qui brillaient dans des creux verts, sombres, jaunes, mordorés, bleuâtres, de toutes couleurs enfin, car on était dans l'automne. Maisons et châteaux n'apparaissaient plus que comme des points disséminés dans l'espace, et tels qu'une poignée de grains de millet jetés là par main du ciel.

S'il se retournait, il apercevait Paris,

une botte de maisons, de choses noires
et de tuyaux, reliés par un cordon de
murs où les barrières figuraient les
nœuds. Paris, ce murmure peint de
nuances diverses, ce trou mouvant qui
de loin lui faisait l'effet d'un grand tas de
vases peuplés. Paris, c'est-à-dire des hommes qui battent leurs femmes, des violons toujours raclés, un roi et une reine
comme dans les contes, des baisers échangés entre deux portes, des voitures écrasant des petits enfants, un fleuve d'eau
sale que tout le monde s'empresse à
boire, des armuriers qui forgent des révolutions et des libraires qui vendent les
Lettres de madame de Sévigné.

M. le duc de Noyal-Treffléan regardait tout cela et se sentait heureux, véritablement heureux, d'un bonheur jusqu'alors inconnu et sublime. Ce ne fut donc que par hasard que son regard tomba pour la deuxième fois sur la femme, sa compagne de voyage, qui se débattait dans ses liens et murmurait des plaintes inintelligibles.

— Au fait, dit-il, ce n'est pas un motif, parce que je suis en ballon, de désapprendre la galanterie.

Il se pencha vers elle et détacha avec précaution le bandeau qui l'empêchait de voir.

Une exclamation bondit dans sa poitrine.

— Ma fille! s'écria-t-il.

— Mon père! balbutia Trois-Mai en ouvrant les yeux.

Un brouillard assez épais enveloppait le ballon depuis peu de moments. L'air était devenu vif et humide, et les nuages, qui semblaient sortir de la terre, roulaient comme un océan informe. Des tourbillons de vent s'emparèrent de la machine et la firent tourner trois fois de droite à gauche et de gauche à droite.

— Où suis-je ? murmura Trois-Mai ; et qui êtes-vous, vous qui m'appelez votre fille ?

On n'apercevait plus ni ciel ni terre ; le ballon demeurait à la même place, tourmenté et sifflant, ne pouvant plus descendre et empêché par son poids de monter encore.

— Tais-toi... répondit le duc, et ne bouge pas... Oui, tu es ma fille... mais ne fais pas un mouvement, pas un geste !...

Une inspiration lui fit chercher dans la nacelle ; elle était lestée comme pour un voyage de long cours : couvertures, bonnets, fourrures, vivres, vin de Champagne.

Il commença par lancer une couverture de laine à travers les airs; elle se déploya dans toute son étendue et descendit lentement. Il jeta aussi quelques livres de terre qui remplissaient le fond du char. Alors le ballon, après avoir deux fois viré de bord, s'éleva avec une rapidité nouvelle et franchit bientôt la région humide où il se trouvait.

— Mon père! mon père! répétait la jeune fille, toute remplie de stupeur.

— Tais-toi!

Le ballon montait toujours, élargissant l'horizon, bruissant comme un essor d'aigle; il montait, et le duc, agenouillé dans le char, une main sur le bord, regardait de son regard avide. L'autre main lui servait à contenir sa poitrine, qui avait en elle comme un battement de cloche.

Tout à coup il ouvrit la bouche. Une grande ligne brune se dessinait tout au loin.

— La mer! fit-il en étendant son doigt.

Mais le ballon avait fourni sa course. Comme un cheval qui veut reprendre haleine, il s'arrêta droit et sans oscillation. On eût dit qu'il venait de prendre place parmi les planètes. Enthousiasmé, délirant, le duc s'écria :

— Encore ! encore ! je veux monter encore !

De ses deux mains, il reprit de la terre au fond du char et la lança dans le vide, où elle tomba muettement. Il en jeta tant qu'il y en eut, il jeta les fourrures, il jeta les serviettes, il jeta tout, et il monta. Il lui semblait qu'il était enlevé sous les aisselles par un géant volant.

En deux minutes, il fut à plus de trois cents toises, n'apercevant plus les objets terrestres, ne distinguant que les grandes masses de la nature. Alors il se releva dans le char et s'abandonna au spectacle que lui offrait l'immensité. A son départ de la terrasse, le soleil était couché pour les habitants de Paris ; bientôt il se releva pour lui seul et vint dorer de ses rayons le globe emporté dans les nues. Le duc de Noyal-Treffléan était le seul corps éclairé de l'horizon, et il voyait tout le reste plongé dans l'ombre.

— Oh ! que c'est beau ! murmura-t-il.

Au milieu de son extase contemplative et du ravissement qu'il éprouvait, il fut rappelé par des douleurs extraordinaires aux tempes, aux oreilles et aux articulations. L'air devenait sec. Il se couvrit d'un bonnet de laine qui était à ses pieds, et saisit une bouteille de champagne dont il fit sauter le bouchon. L'idée de s'enivrer dans les nuages se présenta à son esprit et lui parut souriante.

La suite des Chemises Rouges paraîtra incessamment sous le titre de Les Folies d'un grand Seigneur.
(Note de l'Éditeur.)

— J'ai froid! dit Trois-mai.

Il ne l'entendit pas. Debout dans le ciel et la bouteille aux lèvres, il buvait à gorgées vastes. Lorsqu'elle fut vide, il la lança vers les étoiles qui commençaient à poindre.

— Encore! encore plus!

Le ballon ralentissait sa marche; le ballon n'en pouvait plus haut!

— Encore! cria le duc.

Il se dépouilla de son habit et le jeta

hors du char ; ensuite ce fut son gilet. Le ballon ne montait pas, il était rendu. Delirant, le duc de Noyal-Treffléan se tordait les bras, interrogeant le ciel et frappant du pied la nacelle.

— Qu'est-ce que je pourrais bien encore jeter ? se demandait-il.

Son regard tomba sur sa fille.

Une idée infernale entra dans sa tête, et la remplit pendant une minute.

Ses yeux luisaient horriblement.

Un moment il étendit les mains vers elle.

Mais, comme s'il eut été vaincu par une force invisible, il tomba tout à coup au milieu du char, sans parole, sans mouvement, roulé aux pieds de Trois-Mai....

FIN DU DUC DE NOYAL-TREFFLÉAN.

En vente

LA VIEILLE FILLE
par A. de GONDRECOURT, auteur de UNE VRAIE FEMME, les MÉMOIRES D'UN VIEUX GARÇON, etc., etc.

DETTES DE CŒUR
par AUGUSTE MAQUET, auteur de la MAISON DU BAIGNEUR, la BELLE GABRIELLE, le COMTE DE LAVERNIE.

LA FILLE SANGLANTE
par CHARLES RABOU, auteur du CABINET NOIR, de l'ALLÉE DES VEUVES, le CAPITAINE LAMBERT, etc., etc.

LES PETITS BOURGEOIS, SCÈNES DE LA VIE PARISIENNE
par H. DE BALZAC, auteur des PAYSANS, la FAMILLE BEAUVISAGE, etc., etc.

LES CHEVALIERS ERRANTS
par OCTAVE FÉRÉ et D.-A.-D. SAINT-YVES.

L'HOMME DE MINUIT
par Étienne ENAULT et Louis JUDICIS.

LA PRINCESSE RUSSE
par EMMANUEL GONZALÈS, auteur de la MIGNONNE DU ROI, le CHASSEUR D'HOMMES, L'HEURE DU BERGER, etc., etc.

Paris. — Imprimerie de P.-A. BOURDIER et Cⁱᵉ, rue Mazarine, 30.